本书是 2015 年度浙江省哲学社会科学规划基础理论研究⋯⋯
校课程国际化发展的动态考察及路径创新研究"（15NDJC245YB）的研究
成果。

高校课程国际化：动态考察与实践探索

单胜江　沈妍斐　著

中国原子能出版社

图书在版编目（CIP）数据

高校课程国际化：动态考察与实践探索／单胜江，
沈妍斐著. — 北京：中国原子能出版社，2019.10（2021.9重印）
ISBN 978-7-5221-0174-3

Ⅰ. ①高… Ⅱ. ①单… ②沈… Ⅲ. ①高等学校-课
程建设-国际化-研究 Ⅳ. ①G642.3

中国版本图书馆 CIP 数据核字（2019）第 257002 号

高校课程国际化：动态考察与实践探索

出版发行	中国原子能出版社（北京市海淀区阜成路 43 号 100048）
责任编辑	胡晓彤
责任印刷	张　涛
印　　刷	三河市南阳印刷有限公司
经　　销	全国新华书店
开　　本	787mm×1092mm　1/16
印　　张	12.625
字　　数	226 千字
版　　次	2019 年 10 月第 1 版
印　　次	2021 年 9 月第 2 次印刷
标准书号	ISBN 978-7-5221-0174-3
定　　价	58.00 元

网址：http//www. aep. com. cn　　E-mail：atomep123@ 126. com
发行电话：010-68452845

前　言

随着经济全球化的不断深入，高校课程国际化成为高校发展的重要趋势。目前，我国正处于生产力转型升级的关键时期，加强创新型国家建设是我国实现民族伟大复兴的必经之路，于是培养具有国际视野的复合型、创新型人才成为了新时期高等教育的主要目标。所以，在高等教育国际化发展的过程中，各高校要充分认识课程国际化的重要作用，它不仅是实现教育目标的主要载体，而且还是高等教育国际化的根本内容。我国各大高校要在积极、科学分析国内外高校课程国际化进程的基础上，结合发达国家高校课程国际化的实践与启示，来建设适合自身的、具有中国特色的国际化课程。

本书主要就高校课程国际化的建设进行了深入的研究考察与实践探索，内容共分七部分：第一章主要就高校课程国际化问题的提出及研究意义、理论工具及文献述评、研究思路与基本方法等进行概括性的阐述；第二章主要是对高校课程国际化的内涵、特征与要素进行详细讨论；第三章主要讨论了课程国际化在高校国际化发展中的地位、高校课程国际化的内在需求及外部驱动、高校课程国际化的影响因素及实施条件、目前高校课程国际化发展的现状及动态考察等内容，便于读者全面地认知与了解高校课程国际化的现状与动态；第四章则具体探讨了我国重点院校课程国际化的主要优势、现阶段中国高校课程国际化的瓶颈及成因、未来中国高校课程国际化的主要趋势、课程国际化与本土化（适应与调整）等内容，以此对高校课程的国际化建设进行反思与前瞻；第五章主要是通过对美国、英国、加拿大、澳大利亚、马来西亚等主要发达国家的高校课程国际化的实践与启示进行系统的研究，并在此基础上有针对性地对中外高校课程国际化的总体状况进行了科学的比较、分析与经验借鉴；第六章主要对高校课程国际化的实施战略与保障措施进行详细论述，内容包括课程理念的国际化、课程目标的国际化、课程内容的国际化、课程组织与实施的国际化、课程评价的国际化以及课程管理的国际化；第七章主要以浙江本科高校为例，在对浙江本科高校课程国际化需要正确处理的四大关系进行分析讨论的基础上，提出了浙江本科高校课程国际化发展的创新路径，并对基于"互联网+"的浙江本科高校课程国际化发展路径进行了创新性思考，希望为我国高校课程国际化的建设与实践提供新的思路与方向。

在本书中，单胜江（浙江越秀外国语学院）负责第一章、第二章、第四章、第六章、第七章的撰写工作；沈妍斐（浙江越秀外国语学院）负责第三章、第五章的撰写工作。本书内容安排合理、逻辑条理清晰、重点突出，注重理论和实践相结合，在系统分析当前高校教育国际化的基础上，对主要发达国家的高校课程国际化的实践进行了大量的分析与对比，提出了许多科学合理的高校课程国际化思路，适合各高校的管理人员、专业教师等参考阅读。

本书是作者在大量总结多年教学与研究经验的基础上，广泛收集当前有关高校课程国际化的最新研究成果，进而撰写完成的。在撰写本书的过程中，浙江高校的许多学院领导和专职人员、教师为作者提供了大量来自实践中的宝贵经验和意见，同时也得到了许多专家学者的大力支持。在此，特向所有参考文献的作者以及给作者提供帮助的相关人士表示真诚的感谢。

作者水平有限，虽经多次修改完善，书中仍然难免有疏漏和不足之处，希望同领域专业人士和广大读者朋友批评指正。

作 者

2019 年 9 月

目　　录

第一章 绪 论

课程国际化是高校国际化发展的关键所在，它是高校课程适应新时代教育变革的必经之路。本书将就高校课程国际化展开动态分析与实践探索。作为本书的第一章，这里我们首先给出高校课程国际化的研究意义，对高校课程国际化的有关文献进行综述，并进一步阐述本书的研究思路与研究方法。

第一节 问题提出及研究意义

在全球化程度日益加深的现代社会中，世界经济发展趋向于全球化，而这反映在教育领域就是教育的国际化。在这种时代背景下，社会对高等教育的人才培养提出了新的要求，培养具有国际视野的复合型、创新型人才成为高等教育的主要目标。高等教育国际化的内容包含很多方面，其中课程国际化是高等教育国际化理念的具体体现，是实现教育目标的主要载体，是高等教育国际化的实质性内容。课程国际化隐含着一种开放性和普适性，它有利于促进知识的共享，是现代社会条件下促进知识共享实际而有效的一种方式。除此之外，课程的文化载体属性决定了课程国际化也是文化价值观上实现互补的重要手段，有利于弥补一个国家传统文化价值观上的缺陷和不足。高等教育国际化的核心内容是高校课程的国际化，高校课程国际化是高校课程适应新时期教育变革的必经之路，它是过程与目标的统一。作为过程，它一方面表现为高校课程吸收国际优秀文化成果并与之融合的过程；另一方面又把本国优秀文化成果推广到国外，让外国人认识、理解、尊重进而吸收的过程。作为目标，它表现在通过建构国际课程体系规范，使本国课程参与到世界高校课程体系并与之进行平等的沟通与对话。

国际化是世界高等教育改革发展的主要趋势之一。作为东部沿海发达省份，浙江本科高校课程国际化始终走在全国高校前列。为了有效促进各高校的国际化发展，浙江省教育厅每年都对全省高校的国际化水平进行评估，并根据评估结果发布"年度浙江高校国际化水平排名"。评估过程中的具体指标包含 12 项，具体涉及中外合作办学开展情况、教师出国访学情况、双语或全外语课程开设比例、国外教育人才引进情况、外派交流生或交换生情况、国际科研合作开展情况、留学生招收情况、国际学术会议参与情况等。2013 年，在浙江省教育厅调查的 78 所浙江高校中，开设双语课程至少 1 门的有 59 所，开设全外语课程至少 1 门的有 50 所，而且具有硕士点或博士点的高校已经全部开设双语课程。在全省所有高校中，浙江大学、中国美术学院、温州医科大学等，在国际化课程建设方面成果突出，在浙江省乃至全国高校课程国际化建设中名列前茅。除此之外，浙江外国语学院、浙江大学宁波理工学院、浙江树人大学、浙江越秀外国语学院等高校也在课程国际化发展方面取得了突破性进展。但总体来看，浙江省各高校之间的课程国际化进程差距明显，目前部分高校的课程国际化仍进展缓慢。

课程国际化建设是我国高校课程建设的重点方向，应当积极展开相关研究探索，加快推进建设进度。就目前的情况来看，有关这方面的研究探索还十分有限，一些文献中虽然提及高等教育国际化和课程国际化的相关内容，但都局限于某一角度或某一专业，不够完整和详实，不足以为高校课程国际化提供全面的理论指导。鉴于此，本书从发展历程和现状考察入手，通过多年的研究对高校课程国际化的主要问题进行剖析，并通过中外比较与经验借鉴，以提出课程国际化的创新路径选择，从而全方位、多角度地对高校课程国际化建设进行阐述，不仅有助于丰富课程国际化理论，而且有利于完善我国高等教育课程国际化的研究体系。

第二节　理论工具及文献述评

一、理论工具

高校课程国际化有着广泛而且深刻的理论基础。近些年来，许多学者在存在的合理性以及实施的效果等方面对高校课程国际化进行了研究探索，为高校课程国际化提供了多维度的理论支撑，为其具体实践指明了方向。综合国内外的研究成果可以看出，高校课程国际化具有三大理论基础，分别是多元文化理论、知识普遍性理论和后现代课程理论。文化的多元化要求高校课程兼容并包，知识的普遍性为高校课程的国际输入与输出提供了客观条件，而后现代课程理论则为高校课程国际化开放发展提供了解决方案。接下来，我们就对这三大理论进行简明阐述，为全书的研究奠定理论基础。

（一）多元文化理论

当今世界是一个多元文化并存的世界。全球各个国家、各个地区、各个民族都拥有自身独具特色的文化。各文化之间的差异主要表现在地理、历史、语言、价值观、信仰、风俗等方面。在国际竞争日益激烈的今天，世界各个国家或地区都开始对自己的文化特色越来越重视，并力求在世界文化大家庭中争得一席之地。尤其是在经济全球化的今天，科学技术的飞速发展将世界各国更加紧密地联系在一起，国际文化交流日益频繁，文化特色成为各国打造国际核心竞争力的重要抓手。充分理解其他国家或民族的文化，对其他国家或民族的文化保持足够尊重的态度，避免文化冲突，创造平等的世界文化交流环境，是世界各国之间实现经济互利共赢、政治友好合作的重要前提。同时，积极地将本土文化发扬光大，使本土文化以自信的姿态屹立于世界文化之林，也是任何一个国家或民族在经济全球化的今天实现长远发展的根本基础。然而，传承本土文化的基本手段是教育，而学习外来文化的基本手段也是教育，所以教育是国际文化交流与融合的基本桥梁。早在 1974 年，联合国教科文组织就在《教育建设》中指出："应当促进学生对所有民族及其文化、文化价值及生活方式的理解与尊重。"因此，发展多元文化教育成为世界各国教育的重要发展趋势，尤其是在高等教育领域，其地位更为重要。

多元文化教育具有十分丰富的内涵，国内外学者从不同角度对其有不同的解释。美国早在 20 世纪 20 年代就开始倡导多元文化教育，其主要目的有两个：一是期望以此增加人们对当时移民问题的容忍与接受；二是把多元文化教育看作是国际和平运动的重要方式。他们认为通过对他国、他民族文化的学习，可以增进国际之间的理解与交流，从而减少冲突，增加对话，使国际和平的观念深入人心，显然这与美国国内的移民问题及一战前后战争给人们安定和平的生活带来的阴影有关。在此后的 30 多年的时间里，美国成立了多元文化教育服务局等组织，但是由于当时美国社会普遍存在着严重的种族歧视，这些努力并没有取得良好的效果，多元文化教育在学校教育中没有取得一席之地。然而，多元文化教育的观念、实践所造成的影响具有开创意义，为后来多元文化教育的发展高潮做了铺垫。20 世纪 60 年代到 70 年代，是美国多元文化教育飞速发展的阶段。反种族主义教育取得了巨大的进展，同时增设了民族研究课程，极大地促进了民族教育的研究与发展。这一时期多元文化运动蔚然成风，是多元文化教育最为活跃的时期，在实践中取得了巨大的成果。20 世纪 80 年代之后，多元文化教育进一步发展，许多学者认为各种文化的平等就意味着每种文化有均等的生存权与发展权。在这一思想的冲击下，美国大学课程发生了巨大变化，亚洲和其他非欧洲课程进入了美国的课程体系。

我国学者普遍将除汉族以外的少数民族的教育理解为多元文化教育，这种观点并不全面。事实上，对于多元文化教育而言，其核心任务是促进文化背景不同的群体之间的交流，使其得以相互了解、相互尊重、相互学习、相互融合。英国学者詹姆斯·林奇（James Lynch）是多元文化教育的主要倡导者之一，他著有《全球多元文化教育》一书，书中对多元文化教育的意义进行了系统的分析。詹姆斯·林奇认为，多元文化教育必须摆脱地方观念和大民族主义的束缚，立足于全球视角，全面理解和尊重其他国家或地区的文化。在经济全球化的今天，多元文化教育绝不可以局限于一个国家，而应该着眼全球，将全世界的不同文化体系纳入其中。随着科学技术的飞速发展，世界各国人民之间的"距离"越来越近，国际交往越来越频繁，加强多元文化教育，开拓国民的国际文化视野，在国际大舞台上寻求发展机遇，是世界各国的必然选择。

（二）知识普遍性理论

众所周知，知识在文化环境中产生，而人类所生存的文化环境却在某些方面存在共性，所以人类的知识也存在普遍性。对于全人类而言，知识是没有国界的、是在全世界的任何一个角落都适用的，而人类发展的目标之一，就是要不断丰富基于人类共性的文化知识。马克思、恩格斯在《共产党宣言》中明确地指出："资产阶级，由于开拓了世界市场，使一切国家的生产和消费都成为世界性的了。……过去那种地方的、民族的自给自足和闭关自守状态，被各民族的各方面的互相往来和各方面的相互依赖所代替了，物质的生产是如此，精神的生产也是如此。各民族的精神产品成了公共的财产。民族的片面性和局限性日益成为不可能。于是由多种民族的、地方的文学形成了一种世界的文学①。"这段话从哲学的高度对知识的普遍性给出了准确的科学阐述。

　　大学是探求和拓展人类知识的主要场所。大学的产生和发展的基本动力是满足探索真理和发现知识的需要，而探索真理和发现知识本身就是一项国际性的事业，它只有不断地在国际之间相互学习与借鉴才可能取得进步②。对于任何一所高校而言，其所保存的、传授的、创造的知识都在很多层面上具有普遍性，从本质上看，这些知识并不专属于某一国家或民族。对于任何一所大学而言，积累所有地方的知识都是其一如既往的主要目标之一。对于绝大多数科学家而言，其一生孜孜不倦地努力探索，无非也是希望自己的学术成果能够在全世界范围内获得认可，为全人类的科技进步做出贡献。

　　仔细分析知识的发展历程，我们不难发现，知识的发展大致经历了三个历史过程：首先是"普遍化"的过程，接着是"民族化"的过程，之后又是"普遍化"过程。在远古时期，虽然当时的人们已知的世界相对狭小，但在这个狭小的空间内，人们可以尽自己所能地传授和学习知识，而不受国界的限制。据有关文献记载，两千多年前的古希腊就十分流行跨国的"游教"与"游学"；而春秋战国时期的中国，诸子百家也常常周游各个诸侯国，或是求学，或是传播自己的学说。由此可见，国际化是教育与生俱来的特征，而这一特征的存在基础就是知识的普遍性。

　　到了中世纪，虽然社会环境发生了重大变化，但知识的普遍性仍然是当时的大学所追求的。当时社会的主流思想认为，语言、文学、哲学等是人类所有知识的基础，而且一切知识都具有全球性。据可靠史料记载，当时欧洲的大学不仅都使用拉丁语教学，相互承认文凭，而且所开设的课程也大致相同，同时统治者也允许欧洲各地的学生到巴黎、剑桥等地学习。

　　16世纪上半叶，随着基督教改革运动的进行，统治者彻底掌控大学，知识逐步沦为教派或地方势力的从属品，普遍性受到严重破坏。19世纪，随着科学的发展，知识的世界普遍性又逐渐凸现出来，得到越来越广泛的承认。21世纪以来，科学技术日新月异，全球化成为主要发展趋势，各个国家或地区在政治、经济、文化、环保等诸多领域展开全方位的合作，世界仿佛变成一个"地球村"，国界对知识的限制作用越来越弱，知识普遍性得到了充分的发挥。另外，世界各国在积极发展自身的同时也在携手应对与人类未来密切

---

① 　[美] 派纳. 何华武译. 向课程研究的国际化迈进 [J]. 全球教育展望，2002（02）.
② 　王凌. 当代马来西亚教育改革综述 [J]. 云南教育学院学报，1997（4）.

相关的重大问题，如地区冲突、民族矛盾、种族歧视、全球变暖、人口增长等，这些问题都是单靠一个或少数几个国家无法解决的，需要世界各国团结协作、共同应对，而在这一方面，知识的普遍性就尤为明显。

正是由于知识的普遍性，故而不同国家、不同民族、不同文化背景的人可以相互学习对方的先进知识，使得知识的跨国界、跨民族、跨文化传播成为可能。课程是知识的载体，担负着识别知识、传播知识、发展知识的重要职能。在课程建设的过程中，必须充分考虑知识的普遍性，走国际化发展之路，为人类知识共享扫清障碍。因此，知识普遍性为课程国际化提供了理论基础，而课程国际化又是知识普遍性的必然要求。

（三）后现代课程理论

后现代主义是 20 世纪 50 年代之后在欧洲兴起的一种学术思潮，它涉及人类社会的诸多领域，在全球范围内产生了十分深远的影响。顾名思义，后现代主义是相对于现代主义而言的。发端于 19 世纪后期的现代主义渗透于人类社会的方方面面，其先进性不言而喻，但也具有如唯心性、抽象性、虚无性等诸多局限性。后现代主义在继承现代主义的先进性的基础上，对现代主义中的一些腐朽思想进行了批判，它的产生和发展极大程度地冲击了人们的思想观念，是对现代主义的解构和超越。

在当今社会的各个领域，后现代主义都或多或少地有所体现，而且领域不同，体现形式也不同。在高校课程建设方面，后现代主义思想有着十分重要的应用，它以其独特的思维方式、文化态度与价值取向等对现代高校课程进行重塑，形成十分具有进步意义的后现代主义课程观。从根本上消除了基于现代主义思想的高校课程设计的封闭性与排他性，取而代之的是更符合时代发展需要的开放性与多样性。后现代主义课程观摆脱了大民族主义的中心论思想的束缚，更注重文化的开放、理解、尊重与包容，积极倡导国际化的高校课程发展理念。在后现代主义课程观念的影响下，世界文明史、国际理解、国际问题分析等一系列体现多元文化融合的课程逐步在世界各大高校中开设了起来。

美国路易斯安那州立大学教授小威廉姆·E. 尔是后现代主义课程观的主要倡导者之一，他在其代表作品《后现代课程观》中以伊·普里戈津的混沌学原理为基础，结合改造主义教育哲学理论、不确定原理、杜威经验主义理论、非线性理论等多种科学理论构建了后现代主义课程理论框架。伊·普里戈津的混沌学原理认为，现实世界是一个开放的系统，在这个系统中，变化、无序和非平衡是常态，这一理论得到了学术界的普遍认同。基于此，小威廉姆·E. 多尔指出，当今的高等教育也应当是一个变化、无序、非平衡的开放系统。以他自己构建的后现代主义课程理论框架为基础，对传统课程理论的"泰勒原理"进行了批判，并提出了当今高校课程建设的"4R"标准，具体如下。

（1）丰富性。具体是指课程应当具有一定的深度和广度，并具有多层次、多种可能性或多重解释等特点。为了促使学生和教师产生转变和被转变，课程应具有"适量"的不确定性、模糊性、异常性、不平衡性、无效性与耗散性。对于任何一所高校而言，任何一门主要学科都应具有其自身特有的历史背景、基本概念和最终词汇，因此每一门学科应以自己的方式解释丰富性。这种丰富性具有十分重要的现实意义，可以促进学校的各个学科展开具有开放性、合作性、对话性的有效探索。

（2）回归性。具体是指课程应当有效促使学习者与环境、他人、其他文化进行相互作用，并且进行有效的反思，最终内化为自身特质。小威廉姆·E. 多尔指出，课程的回归性体现于"对话–反思–回归"的过程中，其中"对话"是先决条件，但这个过程并没有严格意义上的起点和终点，换句话说，每一个过程的终点都是下一个过程的起点。回归性课程打破了传统课程的封闭性，具有更强的开放性、弹性和解释性，更符合现代人才的培养要求。最后需要特别注意的是，回归与重复有本质的区别，集中体现于课程框架的开放性方面。

（3）关联性。在后现代主义课程观中，联系既具有教育方面的意义，又具有文化方面的意义，二者相辅相成、缺一不可。在教育方面，关联性主要是指课程内各知识模块之间的联系，它使得课程呈现网络化的形式，极大程度地提升了课程的丰富性；在文化方面，主要是指课程之外的文化或宇宙观之间的联系，这些联系是课程存在价值的基础所在。小威廉姆·E. 多尔认为：联系为人们提供一种源于地方但关系全球的文化感，为此人们所有的解释都与地方文化相关，而且与其他文化及其通过全球模体而进行的解释相互联系。

（4）严密性。这里的严密性与科学理论推导中的严密性不同，它与不确定性和诠释相联系，主要作用在于避免转变性课程滑入蔓延的相对主义或感情用事的唯我论。具体地说，这里的严密性的真正意义是：有目的地寻求不同的选择方案、关系和联系；自觉地寻找我们和他人所持的这些假设，以及这些假设的相同通道，促使对话成为有意义的和转变性的对话。

二、文献述评

（一）国外研究现状述评

高等教育国际化和早期课程国际化始于 17 世纪欧洲大学课程体系和内容陆续向美国等其他国家和地区的传播。如创建于 19 世纪 70 年代的约翰·霍普金斯大学，由于完全仿效德国洪堡大学的教育体制，在比较短的时期内，就使学校形成了严谨的科研精神，学院氛围与传统英式学院截然不同。这也大大促进了如耶鲁大学等传统意义上的大学积极向研究型大学转变。进入 20 世纪，美国高校规模已经开始超过欧洲国家，高校课程数量亦呈现爆发性增长的态势。20 世纪 50 年代后，德国反过来开始效仿美国高校教育体制和课程模式。由此可见，发达国家在教育体制上的相互借鉴和在课程内容上的相互移植，是高等教育国际化的最初表现形式。

在全球化背景下，美国高校普遍地在构建本国高等教育课程体系过程中，增加了世界文明、国际政治、国际金融等国际化课程内容，以加深学生对国际经济、政治和文化的理解，开阔学生的国际视野；加强全球化和区域化相结合的课程的主修和辅修计划，让学生建立多元的知识结构体系；大力开展外语教学，特别是针对跨学科和跨专业领域的教学，以提高学生的外语应用和跨文化交流能力。目前在美国高校普通教育课程中，有 46% 的二年制院校和 77% 的四年制大学，至少设置一至两门包含国际化内容的课程。20 世纪 90 年代，澳大利亚教育国际开发署对澳大利亚高校的 1000 多门课程进行调研，发现大约有 400 门课程包含有国际内容，占总课程门数的 25%。而针对日本来说，其高等教育早就以培养具有全球意识和国际观念的创新型人才为目标，即富有"国际性的日本人"。与高等教育目标相适应，日本高等教育课程体系中也越来越多地凸显出国际化知识的重要性，这一趋势在 20 世纪 90 年代之后表现愈发明显。

进入 21 世纪，英语已经发展成为世界语言，更有助于高等教育课程国际化，因此被纳入大多数国家高等教育的整体战略规划。诸如语言学、管理学、经济学等学科领域，不仅可以尝试制定全球范围内统一的入学标准，而且课程模式亦可以统一加以设置，并颁发国际通用的资格证书。因此，高等教育国际化开始逐渐向着全球标准化和统一化的趋势发展。

（二） 国内研究述评

总体而言，国内直接以高校课程国际化为研究对象的文献相对较少，多数是与之间接相关的研究，主要内化在一些学者们对于高等教育国际化的理论与实践的探讨中，主要表现在以下四个方面。

1. 外语课程的设置、双语教学的实施和全英语式课程建设的研究

目前，对于课程国际化的研究较多地体现在外语课程的设置和双语教学的实施。诸多研究和调查表明，中国各高校对于英语课程相当重视，不仅在全校范围内开设英语课程作为公共必修课，而且还会通过双语教学来提高和强化学生的外语能力。谢作栩指出，课程国际化是高等教育改革与发展的一个重要方面。课程国际化包括了外语训练、国际化区域研究学科的发展过程和学科普遍化、学科的全球适应性的推广与验证过程。王运来以南京大学为个案，提出了外语训练是培养全球通人才的基石，国际区域研究学科的建设是培养全球通人才的支撑点。毕晓玉指出，华中科技大学在管理、纳米、基因、信息、医学等新兴学科、交叉学科、边缘学科方面，也实行直接从国外著名高校引进教材的方法，全校各专业选用外文教材课程达到了 60 门。可见，各高校尤其是重点大学和学者们对于双语教学和全英式课程的建设相当重视。

2. 部分课程联合设置的研究

目前，关于课程的联合设置的研究并不多，王运来列举了南京大学的中美文化研究，认为其课程设置典型地体现了国际化的特点，即分别由中美两国教师各用本国的语言教授对方的学员，学员均用对方国的语言听课、记录、回答和考试。课程包括中美两国的政治、经济、文化、社会、外交、法律、国际金融贸易、实用研究方法等内容。毕晓玉重点介绍了华中科技大学的工

业工程学科，其是在与德国亚琛理工大学、香港理工大学、英国利物浦大学等多所大学合作并派遣骨干教师到英国、德国、美国等多国了解相应情况后，结合课程的本土化，进而设计了专门的课程体系，开设了大量的案例分析、讨论与演示，通过理论与实践相结合，对学生的动手实践能力进行了加强。其中有一些课程是从德国亚琛理工大学、香港理工大学、英国利物浦大学等多所大学中直接引进的，并且采用英文原版教材，全英授课。由此可见，虽然联合课程已经在我国研究型大学中有所设置，但仍然数量较少，发展也并不成熟，而且这方面的理论研究也比较薄弱。

3. 课程结构的调整和相应国际课程的设置研究

邱春林和胡建华认为，我国高校的部分课程具有国际化的性质，如国际贸易、国际金融、涉外文秘等。王运来认为我国高校设立的国际化课程不仅集中于经贸，而且法律方面也相对较多。吴雪梅认为，我国高校十分重视课程设置与课程内容的国际化，如调整和增加了与国际经贸、科学技术交流有关的课程；重视国际区域研究学科的建设；强调课程内容的通识性与实践性；注重科学与人文教育相结合等。其他不少学者也认为应该对课程结构有所调整，加强相应国际课程的设置。王刚和徐立清认为，各高校要提高选修课程的比例，建立国际教育方面的公共选修课程体系，介绍国际政治、国际经济与贸易、世界历史地理、世界文化、中外民俗、国际礼仪和语言等课程，以增进学生的国际知识和处理国际事务的能力。峰成钧认为，我国高校课程体系比较注重专业化、系统化，强调学科自身的知识体系以及学科的纵向联系，是一种学科知识型、理论深化型的课程体系，学时数较多，课程与学分量也比较大。为此，为适应高等教育国际化的趋势，在课程设置方面要加强以下方面的内容：在公共基础课程中开设国际教育方面的课程，如国际政治、经济、文化等课程，以及介绍外国历史、地理、风俗等方面的课程；加强开设区域研究课程，如中东问题、非洲问题的研究等。

4. 国外大学课程国际化建设状况的研究

对于国外大学课程国际化建设的研究主要集中在美国，内容则主要是从其发展历程、实践方面展开，如美国高等教育课程国际化的历史演进、美国大学课程国际化的实践与启示，研究型大学实施课程国际化的特点与策略等。

学者们普遍认为美国的课程国际化程度较高，课程设置和课程内容具有国际化的视野，比较注重国际性和全球性问题的研究。张大良、李联明等认为美国的高等教育运用教育技术使课程资源得到共享，通识课程中国际化主题比较鲜明；谢作栩、陈小红等认为美国大学比较注重运用当地的社会资源，因地制宜，形式比较灵活多样；浙江大学的王金瑶和来明敏介绍了新加坡的课程国际化建设情况，认为课程内容应根据世界前沿或尖端课题研究，不断更新教学内容，甚至直接引进国外高质量教材，在教学技术上广泛应用国际网络等高新技术才能有效提高教学质量和效率。

第三节　研究思路与基本方法

一、研究思路

本书从剖析高校课程国际化理论基础入手，首先阐明了高校课程国际化的内涵、特征与要素；其次分析讨论高校课程国际化的现状与动态，对课程国际化在高校国际化发展中的地位、高校课程国际化的内在需求及外部驱动、高校课程国际化的影响因素及实施条件、目前我国高校课程国际化发展的现状及动态进行了全方位的分析讨论；再次在反思我国高校课程国际化的过去的同时，对其未来进行前瞻性展望，并对我国重点高校课程国际化的主要优势进行了分析，而且以浙江省为例分析了现阶段我国高校课程国际化的瓶颈及成因，对课程国际化与本土化进行了辩证分析；然后对美国、英国、加拿大、澳大利亚、马来西亚等国家高校课程国际化的实践经验及其对我国高校课程国际化的启示进行了对比分析；接下来对高校课程国际化的实施战略与保障措施进行了分析讨论，包括课程理念的国际化、课程目标的国际化、课程内容的国际化、课程组织与实施的国际化、课程评价的国际化、课程管理的国际化；最后在前文研究的基础上对浙江本科高校课程国际化发展的动态及路径创新进行了探究，具体内容分三个层面，第一层面是浙江本科高校课程国际化需要正确处理的四大关系，第二层面是浙江本科高校课程国际化发展的创新路径，第三层面是基于"互联网+"的浙江本科高校课程国际化发展路径的创新思考。

二、研究方法

（一） 文献研究法

文献研究法有狭义和广义之分，狭义的文献主要指书籍、期刊这类出版物；广义的文献覆盖的范围则比较宽广，只要是能够记录知识的事物都可以称之为文献。知识是文献的核心内容，知识的保存与传递需要物质载体。换句话说，不仅书籍、期刊和其他出版物是文献资料，而且还包括写有文字的甲骨、金石、拓本、图谱、缩微胶片、光盘、音频和视频资料等，这些都可以算作是有历史意义与价值的文献资料。知识的记录与积累需要文献这个物质载体，人类在社会活动中也要通过文献来获得最基本的知识以及交流与传播情报，因此对文献的整理和分析是整个研究过程不可或缺的部分。

对相关文献进行有效的搜集、选择与分析，是开展科学研究的首要环节。文献研究法主要是根据研究课题的需要，查阅和整理文献资料，通过分析这些文献资料之后，能够对所要研究的问题进行深入探索的一种方法。本书以查阅课程国际化的相关文献为基础，对高校课程国际化的动态与具体实践展开探索。一方面，借鉴和分析其他学者有关高校课程国际化的研究成果，全方面分析和把握我国高校课程国际化的动态；另一方面，挖掘并总结目前关于课程国际化的研究缺陷，进行更进一步的创新性探索，力求找出有效推进课程国际化的便捷途径，并用以指导课程国际化建设的具体实践。

（二） 比较研究法

所谓比较，具体是指根据一定的标准，把相互之间有某些联系的事物放在一起进行考证与观察，寻找相同点和不同点，探索出研究对象所具有的本质特性。高校课程国际化建设研究领域的比较研究法就是对某类课程国际化建设方案或实践在不同地区、不同时间、不同情境下表现出的特点进行比较分析，从而揭示高校课程国际化建设的普遍规律，得出具有现实指导意义的结论。

在科学研究领域，比较分析法具有十分广泛的应用，通过比较分析，可以更加准确地把握事物的本质特征，认识和区别事物的异同关系。运用比较分析法对高校课程国际化进行研究，可以更好地认识不同国家、不同学校在课程国际化上的异同点，探索出高校课程国际化的规律与特点，并以此指导我国未来的高校课程国际化建设实践。

本书对比较研究法的应用主要集中在第五章，该部分主要对美国、英国、加拿大、澳大利亚、马来西亚等发达国家高校课程国际化的具体方法与成功经验展开比较分析，既了解了主要发达国家高校课程国际化的具体状况，又从中提取出一些值得我国高校借鉴的宝贵经验。

（三）历史研究法

人类社会的发展过程就是一个不断创造历史的过程，人类只有在合理认识自身发展历史的前提之下，才能更好地向前发展。历史研究是一种很有意义的研究方法，它最大的价值在于既能服务于现在，又能帮助预测未来趋势。历史研究法在高校课程国际化研究过程中的应用，主要就是收集与高校课程国际化的产生、发展和变化相关的历史资料，并对这些资料进行分析，从而探究高校课程国际化发展规律的一种研究方法。利用该方法，可以有效吸取以往高校课程国际化发展过程中的失败教训，总结以往高校课程国际化发展过程中的成功经验，并根据高校课程国际化发展的历史规律预测其未来走向。

第二章 高校课程国际化：
内涵、特征与要素

上一章我们给出了高校课程国际化的研究意义，对高校课程国际化的理论工具及有关文献进行了综述，并进一步阐述了本书的研究思路、研究方法等。接下来，我们在简明阐述高等教育国际化的基础上，引出高校课程国际化的基本内涵，简要阐述我国本科高校课程国际化的发展历程，并进一步详细讨论高校课程国际化的特征与要素。

第一节　高校课程国际化的内涵

一、高等教育国际化

"国际化"一词在众多领域中已经使用了几个世纪，但出现在高等教育领域中，则是20世纪80年代的事情①。随着时代的进步，高等教育国际化逐步发展成为一种时代潮流，代表着未来高等教育发展的重要走向，也是推动高等教育发展的重要动力之一。

（一）高等教育国际化的基本内涵

论及对于高等教育国际化概念的理解，学界也是众说纷纭，莫衷一是。有学者指出："任何关于教育国际化的认真讨论都有一个难以解答的问题，那就是对国际化的中心概念的描述。尽管为形成一个严谨的定义做了很多努力，但它的核心思想仍然捉摸不定②。"事实上，高等教育国际化的概念内涵涉及面十分广，且相当复杂，不同的学者对其有不同的认识。目前，学术界对高

---

① 陈昌，翁丽霞. 高等教育国际化与创新人才培养 [J]. 高等教育研究，2008（06）77-82.
② Hilary Callan. Internationalization in Europe. In Scott，P.（Ed.）. The Globalization of Higher Education. Buckingham：OUP and SRHE，1998：46-54.

等教育国际化的主要观点如下。

（1）高等教育国际化是一种体系。有一部分学者认为，高等教育国际化应该是一种体系。美国学者布茨（Butts）就是这一观点的典型支持者，他在1960年曾指出："大学国际化应是包括国际化的课程内容、培训流动、跨国研究、研究者和学生的跨国流动、保证教育扶持与合作的国际体系[①]。"

（2）高等教育国际化是一种标准。有一部分学者认为，高等教育国际化应该是一种标准。日本学者喜多村和之就是这一观点的典型支持者，他曾提出衡量高等教育国际化的三条标准，即异国文化的可接受性，不同国家、种族、文化背景下信息的可交流性以及组织的开放性[②]。之后，国际教育发展委员会主席埃德加·富尔也对喜多村和之的观点表示认同，他认为，教育国际化就是要求教育"反映出各国共同的抱负、问题和倾向，反映出它们走向同一目的的行动。其必然的结果则是各国政府和各个民族之间的基本团结"；"在消除了偏见与沉默的情况下，以一种真正的国际精神发展相互间的接触[③]"。

（3）高等教育国际化是一种过程。有一部分学者认为，高等教育国际化应该是一种过程。加拿大学者简·奈特（Jane Knight）是这一观点的典型支持者，他曾从国家、部门、院校层面给出了高等教育国际化的定义，表述为："在院校与国家层面，把国际的、跨文化的、全球的维度整合进高等教育的目的、功能或传递的过程[④]。"总体看来，简·奈特的定义能够更准确地表述高等教育国际化的真实内涵，得到了国际学术界的普遍认可。

联合国教科文组织所属国际大学联合会在综合各种意见的基础上，对高等教育国际化给予了以下定义："高等教育国际化是把跨国界和跨文化的观点和氛围与大学的教学工作、科研工作和社会服务等主要功能相结合的过程，而且是一个包罗万象的变化过程，既有学校内部的变化，又有学校外部的变化，既有自下而上的，又有自上而下的，还有学校自身的政策导向变化[⑤]。"

[①]　曾满超，于展，李树培. 中日高等教育国际化问题研究——基于文献的分析［J］. 教育发展研究，2008（21）：42-51.

[②]　［日］喜多村和之. 大学教育国际化［M］. 日本町田市：玉川大学出版部，1984.

[③]　联合国教科文组织国际教育发展委员会编. 华东师范大学比较教育研究所译. 学会生存——教育世界的今天和明天［M］. 北京：教育科学出版社，1996.

[④]　［加］简·奈特著. 刘东风，陈巧云译. 激流中的高等教育：国际化变革与发展［M］. 北京：北京大学出版社，2011.

[⑤]　席明. 高等教育国际化问题探析［J］. 社科纵横，2002（04）：15-16.

当今世界，经济全球化趋势日趋明显，科学技术日新月异，综合国力竞争愈发激烈。在全球化进程中，经济全球化的发展是根本，决定着政治、文化等其他各个领域全球化。经济全球化也是一个综合性概念，它具有多维度的特质。从横向维度来看，经济全球化的规模经历了由小到大的发展历程，从本国与邻国家的经济往来，逐渐发展为区域性经济联合体，直至扩大到全世界范围。经济全球化进程又是一个流通领域到生产领域的递进式的变化，这是纵向发展角度的结论。从有形商品的交易开始，经济全球化进一步发展为国际商品的交易，作为国际市场形成的结果，最终产生了国际生产。尤其是科技和金融两大领域国际化的强势发展，在某些角度上可以说是国际生产领域的大发展的成果。因此，产品国际化、生产要素的国际化、以及形成生产要素的国际化是组成国际生产领域大发展的三个主要层面。劳动力层面的国际化主要指人力资源配置和培养方面的国际化，通过人力资源配置和培养的国际化也可以促进实现技术的国际化。在当代，高等教育是人才培养的主要源泉。故而，在经济全球化的大环境下，全球高等教育的联合化发展成为了必然趋势，即高等教育全球化是大势所趋。根据经济学的相关原理可知，经济全球化实质上是生产力的全球化，即生产效率的提升会导致生产力空间的扩展，而生产力空间扩展也会促进生产力效率的提高。高等教育的主要职能就是向青年一代传授科学文化知识，使青年人掌握更先进的科学技术与文化，所以高等教育国际化是生产力全球化的必然要求，是经济全球化的必然结果。

（二）高等教育国际化的实施原则

高等教育国际化应坚持以习近平新时期重要思想为指导，以服务创新创业为目的，以提高育人质量和办学水平为中心，以推进改革开放为动力，结合国内国际不同的教育资源，多方面强化院校与其他国家同类院校的交流与合作，不断提高自身的发展程度和全球化水平，为全面加快教育现代化建设、实现经济社会又好又快发展服务。在具体的实施过程中，应坚持以下几项基本原则。

（1）坚持提升高等教育发展水平的原则。坚决不放过高等教育全球化带来的绝佳机遇，坚持创新全球交流与合作的途径和方式，通过教育创新争取更广阔的发展空间、提升教育质量和激发办学活力，形成"以开放促进创新、以创新带动质量提升和特色凝练"的格局。

（2）坚持"引进来"与"走出去"相结合的原则。以"提高水平、扩大服务"为主旨，在进一步加强"引进来"工作的同时，积极推进"走出去"，努力实现高等教育国际化的高效、可持续发展。

（3）坚持统筹兼顾与重点发展相结合的原则。不但需要统筹兼顾，制定最高目标和整体计划，而且还要重点发展，确定当前目标和工作重点。

（4）坚持点面结合、以点带面的原则。突出扶持若干所全球化特色院校，尽快实现全球化办学，并发挥其模范、带动作用，提高全体高校整体全球化水平。

（三）浙江省高等教育国际化的发展策略

在全球化的浪潮下，加强高等教育国际化是我国推进建设"双一流"大学不可或缺的必要条件。出色的国际化水平是建设出色大学的首要条件，世界一流大学在具备先进的办学理念、汇聚世界各地杰出学者、产生一流学术成果的同时，还应以专业化、体系化、国际化的一流课程支撑一流人才的培养，以为国家经济建设输送国际化人才为奋斗目标。高等教育国际化程度的提升，要求各高校要瞄准国际一流，加强国际对话，在学生事务管理信息化建设、课程建设、科学研究、学生心理健康教育咨询、学生国际化就业、国际化社团等方面借鉴一流大学的做法和经验，主动融入国际化元素，与世界一流大学接轨，拓展新领域，打造新亮点，形成新品牌。高等教育国际化是把"双刃剑"，对于进一步提升学生工作科学化水平、提高学生思想政治教育质量既是机遇也是挑战，尤其是对学生思想教育工作、课程体系建设的转型以及学生工作队伍专业能力等方面都提出了更高的要求。自从进入21世纪后，我国在经济、政治、社会、文化等方面持续深化改革开放，不断提高国际交流的深度和广度。总体上看，我国的教育国际化以建设人力资源强国和建设创新型国家为目标，主要从七个方面着手国际化建设。接下来，我们以浙江省高等教育国际化为例展开讨论。

1. 明确国际化发展目标

明确的目标是开展一切工作的先决条件。进入21世纪，在党中央的正确指引下，我国不断加强宣传和教育的力度，提高形成高等教育国际化观念的速度，形成了全球化视野和国际化战略思维，国际合作与交流的意识不断强化；把高等教育国际化看作是加速提升高等教育整体实力的重要途径，切实提高对高等教育国际化深层内涵以及重要性的认识，以打造"双一流"大学、培养国际化高素质创新型人才为目标；努力学习世界发达经济体发展高等教育的成功经验和先进理念，并将之与我国高等教育的实际情况相结合，探索适合我国高等教育国际化的发展道路；积极引进国际高等教育的优质资源，提升我国高等教育的国际地位和核心竞争力，全面提升高等教育质量和办学水平。

2. 加强国际学术交流与科研合作

积极推进全球科研交流与学术合作，努力提高学科建设的全球化水平，是高等教育国际化发展的重要发力点。我国长期鼓励各大学积极主办或参加全球学术会议，积极呼吁各大学的教师参加具有重要影响力的学术会议，并积极争取持续为全球学术组织承办全球学术会议。在国家有关政策的指引下，浙江省政府积极促进本地高校与国际一流高校、知名科研机构之间建立科研协作平台，大力推进各高校师资队伍和科研人员参与国际合作研究项目、国际组织等，大力建设有关学术研究的生产、学习、整合基地。同时，还鼓励浙江大学等在全球有一定知名度的大学尝试与其他国家的大学一起建立实验室。

3. 提高师资和管理队伍的国际化水平

为了提高师资和管理阶段的国际化水平，各高校应加大引进和培养方面的力度并注重教师的对外交流。在聘用和职务晋升政策上要不断健全，多鼓励教师们出国进修学习和参加国内外高校组织的各类高水平学术研讨会；深化与国外同类高等院校的交流合作，并且可以选择性地建立一些国外的师资培训基地，但要更加注重管理上的问题，尤其是对教师在出国进修和出访工作时的针对性和有效性方面，要格外注重；不断推进留学归国人员、外国文教专家的聘用工作，开辟渠道面向全球广纳贤才；抓住中央实施"千人计划"的绝好时机，积极推进浙江省"海外优秀创业创新人才引进计划"，加快推进海外高层次人才创新创业基地建设，将著名专家学者、学友会、出国留学人员联谊会等各方面的作用充分发挥，积极引进海外高精尖人才；拓展管理人员尤其是各大高校领导的国际视野；不断深化管理层人员"走出去""引进来"的工作，加强与国外优秀院校在办学理念、管理制度、水平方面的交流沟通，在此基础上不断完善提升自身水准。

4. 充分利用全球优质高等教育资源

学习的目的是从全球化的先进教学理念、办学思路、管理模式和人才培养经验中，积极吸收国外优质教育资源，突出和加强与世界著名的高等院校、其他国立高等院校和类似质量院校的合作办学。并且还要加强评价监督管理，以不断提高中外合作教育的质量和水平。另外，还要深化高校与世界各国的合作，努力发展各种双向联合课程、学分互认课程、校外学位课程以及其他国家考试机构等；综合并安排引进全球通用职业资格证书。

5. 努力促进留学和国际学校办学

浙江省各高校应在结合"规模扩大、水平提升、条件改善、质量保证"理念的前提下，科学实施"浙江省留学行动计划"，积极推进留学生教育。并通过资源整合、渠道开放、预备制度等尝试，为学生进入浙江大学本科学院后追求学位提供优惠政策和便利条件。

应积极开展高等教育的推广和引进工作，组织高校举办国外的教育展览会，促进高校的经济、社会、文化、教育资源和相关优惠政策的实施，吸引其他学生到浙江留学；在一些国家设立招生处或招生中心，为全球学生的在华留学提供便利。

高校在开展配套设施的改造建设项目时，应结合我们在其他国家建立"孔子学院"的成功经验，建立具有个性特色的中国全球促进基地，促进中国文化在世界上的国际影响力，并促进大学条件结合自身的学科特色和地方优势，努力开拓国外市场，建立多种办学模式，积极推进教育服务贸易全球化。

6. 加强国际化专业和课程的开发

为了加强国际化专业和课程的开发，各高校应着力做到以下几个方面。

（1）提高外语工程建设能力，在全省各大高校积极开展管理人员和教师外语培训项目，着力提高高校管理人员和师资队伍专业的外语能力和语言沟通水平；进一步改进外语教学方法，努力提高学生学习外语的兴趣，增加学生练习的机会，真正提高学生的外语应用能力。

（2）实施双向交流的学生项目，鼓励我省高校与国外同行建立高层次的长期合作关系，拓展各领域的双向交流的合作规模；进一步拓宽学生的沟通渠道，丰富沟通方式，为学生提供更多的国际交流机会。

（3）省级高校应结合自身的专业特点，大力发展全面的外语教学课程和双语交流课程。应借鉴和吸收国外同类高校在教学内容更新、课程体系改革、教学方法创新等方面的先进经验，提高专业和课程建设水平；加强与国外高水平大学的合作，逐步建设符合国际发展方向的专业专科，本科院校应至少设立一个国际专业或面向国际招聘。

7. 积极推动全球特色机构建设

在全球化进程中，大学应根据自身的实际情况和发展特色，积极推进建设面的发展，重视全球化特色高校的培育，增强全球化特色的支撑机构，尽快深化高校的整体教育水平和全球化影响，大力加强浙江高等教育全球化发展的核心力量。

二、高校课程国际化

（一）高校课程国际化的基本内涵

1. 高校课程国际化旨在培养国际通用人才

高校课程国际化旨在培养国际通用的创新型复合人才。在全球化进程日益加快、世界经济与工业迅速发展及世界科学技术交流日益密切的时代背景下，各国都致力于培养具有国际素养的高素质创新型人才。而国际性的高素质创新型人才的培养离不开高校，更脱离不了课程这个载体。因此，高校必须要建设国际化的课程体系，促进国际合作与交流，以培养符合时代要求的国际化人才。只有实现了培养国际高素质创新型复合人才的目标，才算真正实现了课程国际化的目标。

2. 高校课程国际化的重点是建设与国际教育课程相匹配的课程内容

国际化高校课程内容必须可以在全世界范围内通用，因此各国高校国际化的重点是建设与国际教育课程相匹配的课程内容。在高校课程国际化的过程中，可借助国际优质课程资源，促进学生的国际化，如引进原版教材，将原版的知识内容传授给学生，学生可能基于自身的专业基础对原版教材中的知识内容已有了解，但是不同的语种、不同的编排顺序，不仅能够帮助学生掌握必要的学科知识，提升学生的外语应用能力，并且还能够培养学生的国际化思维能力。

3. 高校课程国际化必须打造国际化课程全球合作平台

未来的高等教育必然是全球合作的高等教育，对于任何一所高校而言，将目光局限于学校所在地区或者国家，关上门搞课程建设，都必将失败。只有积极地同国际一流高校展开合作，加入课程国际化的全球合作平台，并努力为平台贡献自己应有的力量，学习高级一流学府课程国际化的成功经验，引进并合理利用国际优质教育资源，走课程国际化发展之路，培养国际化高素质创新型人才，全面提升学校的国际地位和竞争力，才是成功的发展之路。

就目前的情况来看，课程国际化水平较高的世界顶尖高校主要集中于发达国家，我国高校必须在充分考虑课程国际化的特点和自身实际情况的基础上，积极地与国外课程国际化水平较高的学府建立合作关系，进而提升本校的课程国际化建设水平。对于学校而言，针对自身国际化课程体系不成熟、不完善的特点，我们应当虚心承认自身的不足并不断予以改进；对于国家而言，应当从政府的角度努力促进国际化课程全球合作平台的建设，以求为国内高校提供更多的国际合作机会。

4. 高校课程国际化必须以国际人才评价标准为基础

高校的基本职能是培养人才，而高校课程国际化发展的根本目的就是培养国际化的高素质人才。所以，评价高校课程国际化水平的关键指标，就是是否可以培养出国际化高素质人才。于是，国际人才评价标准在一定意义上也就是高校课程国际化的标准。在课程国际化建设的过程中，各高校应当以国际通用人才评价标准为基础，建设可以无缝对接国际课程体系的课程体系，以力求所培养的人才符合国际通用人才标准，全面提升本校的课程国际化水平。

5. 高校课程国际化必须是整个课程体系的国际化

高校课程国际化是一个全方位的系统性工程，这就要求各高校必须在全球化的大环境中使本校的课程体系全面升级，确立国际化的课程理念，制定国际化的课程目标，建设国际化的课程内容，完善国际化课程评价标准，探寻国际化的课程实施路径。绝不仅是某一科目或少数科目课程的国际化，也不仅是整体课程在某一课程要素上的国际化。

多元化的文化理念是高校课程国际化发展的前提，只要实现民族传统文化和国外文化的共生共荣，才能有效推进高校课程的国际化发展；课程目标是高校课程国际化的向导，只有设立符合国际共同价值追求的课程目标，才能确保高校课程的国际化顺利完成；课程内容是高校课程国际化建设的核心对象，构建适合新时代国际化高素质人才培养的课程内容是世界各国高校共同努力的方向；课程实施方法是高校课程国际化落实的必需途径，就目前的情况来看，世界各国的高校均以积极开放的姿态展开交流，努力制定便捷高效的课程实施方法；标准的国际化课程评价体系是高校课程国际化的有效保障，也是提升高校课程国际水平的良好参照。

（二）我国本科高校课程国际化的发展历程

与欧、美、日等发达国家相比，我国高等教育课程国际化起步较晚，并经过曲折而漫长的发展历程，浙江也不例外。课程国际化与高等教育国际化的发展历史紧密联系，但又不同于高等教育的国际化历史，课程国际化在每个阶段都有着不同的特点，二者之间呈现出相辅相成的逻辑关系。我国本科高校课程国际化发展大致可以分为课程国际化萌芽阶段（19 世纪末～20 世纪初）、课程国际化与民族化融合阶段（20 世纪上半叶）、课程国际化徘徊阶段（20 世纪 50～80 年代）、课程国际化快速发展阶段（20 世纪 90 年代～20 世纪末）、课程国际化全面发展阶段（21 世纪至今）5 个阶段的发展历程。

1. 课程国际化萌芽阶段（19 世纪末～20 世纪初）

近代中国的高等教育课程国际化是在特殊历史时期下的特殊产物。最早可以追溯至洋务运动时期的洋务课堂。洋务人士在"中学为体，西学为用""师夷长技以制夷"的教育理念下，创办了各类洋务新式学堂。如京师同文馆、上海广方言馆、粤同文馆、福建船政学堂、天津电报学堂等。这些学堂的课程设置除传统的四书五经、八股文的内容外，主要以西方近代的自然科学、语言文字以及实用技术课程为主要内容。近代数学、航海、外国语言、天文、兵器制造、历算、测量等西方课程体系和教学等内容也被大量移植进来。西语和西方自然科学课堂的教习以洋教习为主。此外，除国文外的所有课程的学习全部采用英语授课，采用外国的原版英文教材。在"师夷长技"的思想指导下，学习西方国家的科学文化，为我所用。在某种意义上讲，我国的高等教育课程国际化正是伴随着洋务学堂的成立而发展起来的。

甲午中日战争的战败深深刺激了中国，国内掀起了学习日本的热潮，并仿效日本确立了近代高等教育制度。中国的高等教育学习的范围从技艺层面开始扩大到制度层面，废除科举制，全面移植日本的教育制度。例如，当时政治学、法学、教育学、哲学、心理学、经济学等西方近代社会科学的各个门类的教科书开始逐渐进入中国近代大学的课堂。而这些教科书中，一部分是经由日本引进的，另一部分则是中国人自己从欧美国家选择并翻译的。学术界把这一时期看作是在课程体系与教学内容方面移植西方的第一个高潮。

2. 课程国际化与民族化融合阶段（20世纪上半叶）

20世纪上半叶，我国的高等教育课程的国际化逐渐与民族的本土文化形成融合之势。这一时的大学教育提倡"兼容并包，中西贯通"的教育思想。当时的大学从校长至教师学人，基本都有留学海外的经历，其中以欧美留学生居多。如校长蔡元培、梅贻琦、竺可桢、张伯苓、胡适、蒋梦麟、钱钟书等。这些知识分子深刻地理解并认同西方大学的人文精神与自由主义的价值取向，并在此基础上对我国的高等教育进行改造，使我国的高等教育开始与国际进行接轨。蔡元培采用德国大学的学术自由与大学自治的理念改造北京大学，张伯苓提出"土货化"作为南开大学的办学方针，而东南大学郭秉文提出了既熟悉中国文化又了解世界的新式人才培养目标，曾四任广西教育厅厅长的雷沛鸿则提出了"只有采人之长，补己之短，创造适合于本国的教育制度才是上策"的新观点①。

在培养目标方面，高等教育的主要目标是培养研究高深学术的学者和研习应用科学的技术人才。通过一系列的高等教育法令的颁布，逐渐否定并取消了"内圣外王"、"君子"为目标的封建社会的政治内容。

在课程设置上，高等教育全面废除了反映封建传统文化的内容，以体现西方精神的课程为主要宗旨。如蔡元培主持下的北京大学20世纪20年代开设的许多课程，在当时欧美的著名高校中也是刚刚起步。

这些探索深刻地触及我国高等教育的实质，课程体系也发生了根本性的变化，标志着我国高等教育国际化课程国际化至此正式确立。

3. 课程国际化徘徊阶段（20世纪50～70年代）

新中国成立之初，我国在向苏联"一边倒"的大政治背景下，确定了向苏联学习的主要目标，高等教育也开始全面学习苏联。全面模仿苏联的教育

---

① 吴剑丽，李娅玲. 高等教育课程国际化的研究与实践 [M]. 北京：科学出版社，2013.

制度和课程体系，引进苏联教材，并在全国范围内大力发展俄语教学。但在"文化大革命"时期，我国的高等教育全面瘫痪，大学停止招生，教师和学生基本被下放劳动。这一时期高等教育课程属于中断时期。

4. 课程国际化快速发展阶段（20世纪90年代～20世纪末）

1983年邓小平同志关于"教育要面向现代化、面向世界、面向未来"的讲话，为我国高等教育的全面改革奠定了基调。从此，我国高校课程国际化进入快速发展阶段。1993年的《中国教育改革与发展纲要》进一步指出，要"进一步扩大教育对外开放，加强国际教育交流与合作，大胆吸收和借鉴世界各国发展和管理教育的成功经验"。伴随着我国社会主义市场经济改革的不断深入，我国的经济取得了突飞猛进的增长，国际地位日益提升，国际交往日益频繁，高校课程国际化也随之快速发展。

5. 课程国际化全面发展阶段（21世纪至今）

2001年下发的《关于加强高等学校本科教学工作，提高教学质量的若干意见》指出，"本科教育要创造条件使用英语等外语进行公共课和专业课教学""对高新技术领域的生物技术、信息技术等专业，以及为适应我国加入WTO后需要的金融、法律等专业，更要先行一步，力争在3年内，使外语教学课程达到所开课程的5%～10%。"2004年教育部又下发了《关于本科教育进一步推进双语教学工作的若干意见》提出努力开展双语教学，加强双语课程和教材建设。2007年教育部颁布了《关于进一步深化本科教学改革全面提高教学质量的若干意见》要求"加强人才培养的国际合作……积极鼓励大学生到国外大学选修课程学分和学习交流，拓宽学生的国际视野"。这些国家政策法律的颁布为日后的高等教育课程国际化提供了法律保障。自此，我国高等教育的课程国际化进入了全面深化发展的新时期。

第二节　高校课程国际化的特征

特征是某一物质自身具备的特殊性质，是区别于其他物质的基本征象和标志。高校课程国际化具有开放性、综合性、选择性、共享性、合作性、通用性、实践性等特征，探讨其特征可使教育者能够认识与把握课程国际化的内涵，全面了解课程国际化的本质，有效地实践课程国际化。

一、高校课程国际化具有开放性

开放性即高校课程的信息能够与其他国家、地区相互交流，相互融合，相互认可。国内的高校课程在兼容国外的高校课程体系的同时，也被国外的高校所认可。各高校要想实现课程国际化，就必须与国外高校展开交流与合作，开放自身的课程系统，同时也从国外高校的课程系统中学习有价值的经验。这样开放性的交流，不仅是校与校、院与院、教师与教师之间的交流，更要重视学生与学生之间的交流，让学生切身地感受到开放的国际大课堂。

二、高校课程国际化具有综合性

综合性是指高校课程国际化要树立综合化、系统化的概念，将课程国际化作为一个完整的系统来看待。高校课程国际化不是一个单一的维度，而是一个复杂的主题。高校课程国际化要在课程中加入有关国际的人文社会类的课程，培养学生宽广的知识背景，使学生的知识与修养更好地融合。如麻省理工学院，在课程中加入 30 多门分类课程，近 20 门自由选修的综合性课程。就像布鲁贝克说的："一个人要能完全胜任工作并充分享受工作的快乐，就应该懂得工作中的社会学的、历史学的、心理学的、文学的甚至艺术的各个方面[①]。"

三、高校课程国际化具有选择性

选择性是高校课程国际化的主要特性之一。所谓选择，就是从备选对象中按照一定的标准选择符合要求的对象。高校课程国际化的选择性主要表现在两个方面：一方面是选择外国文化中"可以被我国所用"的部分进行合理的引进；另一方面则是选择我国文化中"可以被外国人接受"的部分进行适当的输出。而这里的"可以被我国所用"和"可以被外国人接受"就是选择的标准。在全球化趋势日益明显的今天，高等教育呈现日益开放的态势，多

---

① 　约翰·布鲁贝克著. 郑继伟，等译. 高等教育哲学 [M]. 杭州：浙江教育出版社，1987.

元文化在高等教育领域不断汇集并交融。这就要求我们要按照一定的标准和规范将全世界的先进文化知识不断地进行收集、引进并且归纳、整合，使之具备符合我国社会主义价值取向且具备科学逻辑的知识体系，以成为我国高校课程内容的组成部分。同时，也要求我们要按照一定的标准和规范将我国的优秀文化中可以被外国接受的部分加以提炼并择机输出，使之能够在世界各地得到广泛传播，以扩大中国文化的世界影响力。

新中国成立以来，尤其是改革开放以来，在党中央和各级政府的高度关注和大力支持下，我国的高等教育取得了举世瞩目的成就。但是，与发达国家的高等教育相比，我国的高等教育水平还有较大的差距。在全球化稳步推进的今天，我们应该抓住机遇，加强我国高校课程的国际化建设，将国外先进的课程理念与课程内容吸收进来，全面提升我国的高等教育水平，不断缩小同发达国家之间的差距。但是，在高校课程国际化建设的过程中，绝不可以生搬硬套发达国家的高校课程体系，因为不同国家的基本国情并不相同，其他国家成功的课程体系未必符合我国的实际需要，必须根据我国的具体情况对国外高校课程体系进行选择性的借鉴。另外，在文化多元化的今天，优秀的传统文化是国家竞争力的重要体现。在高校课程国际化的过程中，我们应该选择性地将我国的优秀文化以国际化课程的形式传播出去，为我国优秀传统文化争得应有的国际地位，增强民族文化自信。

四、高校课程国际化具有共享性

共享性是高校课程国际化的又一重要特性。这里的共享主要是指高校课程资源的共享，具体负责课程设计的人力资源的共享、课程内容或文化知识的共享以及课程建设所需的其他物质资源的共享等。目前，我国高校的课程国际化程度普遍较低，各高校可以积极邀请国外课程国际化程度较高的学校的教师或教学管理人员前来做讲座，也可以引进符合本校实际情况的国际化课程，或者直接聘请国外优秀的学者来校担任兼职工作，尽最大可能接触国际先进的教学理念和课程体系，实现高校课程国际化资源的共享。而对于清华大学、北京大学、浙江大学等国际化程度较高的高校，则一方面可以与国内国际化程度较低的高校进行资源共享，促进我国高校课程国际化水平的整体提升；另一方面则可以凭借自身较高的国际影响力，与国际知名学府展开更加深入的资源共享，在吸收国外先进课程建设经验的同时，将我国优秀的传统文化与课程资源传播到国外，与世界人民共享。

这里有必要特别指出的是，当今先进的互联网技术为高校课程国际化资源的共享提供了极大的便利，借助互联网，世界各地的高校师生都可以浏览到其他国家的高校开放的课程资源。我国各高校应当积极地同世界各大知名高校展开更加广阔的互联网教育资源共享，加快我国高校课程国际化建设的进程。

五、高校课程国际化具有合作性

高校课程国际化是一个复杂的系统工程，单靠学校的某些部门或者单靠某一个学校的力量是无法完成的，它具有极强的合作性，主要体现为校内课程国际化建设团队的合作、跨学科合作、与社会各界的合作以及国际跨文化合作等。在高校课程国际化建设的过程中，我们必须深刻认识到高校课程国际化建设的合作性。首先，在校内要搞好课程国际化建设团队以及不同学科之间的合作，团结一心，共同朝着提高学校课程国际化水平的方向努力；其次，高校课程国际化需要与社会各界进行紧密合作，及时了解当今社会的人才需求，并根据社会的人才需要来进一步明确课程国际化的发展方向；再次，课程国际化本身就是一种国际化的跨文化合作，我们必须以最大的诚意与国际高校或教育组织展开合作，本着尊重、合作、共赢的态度，多提建设性的意见或建议。

六、高校课程国际化具有通用性

高校课程国际化的根本目的是培养国际通用的高素质人才，所以通用性也是其必须具备的基本特性之一。为了使所培养的人才能够最大限度地在全世界范围内流通，制定国际通用的高校课程体系是当今世界各大高校的共识。在高校课程国际化建设的过程中，我们必须对其通用性有充分的认识，努力构建与国际接轨的课程体系，并配以国际普遍认可的课程实施制度、课程评价制度、学分互换制度和文凭授予制度等。

七、高校课程国际化具有实践性

实践性是高校的一个重要特征，它是一种特殊的过程，可以把知识变为生产力，创造出更多未知的事物。当前，各国高校普遍强调在课程国际化的实施中，要能够扩大与国外大学、企业的合作，鼓励学生参与国际团队的研究项目等。另外，近些年国外的高等教育也越来越重视实践性。例如，麻省理工学院和斯坦福大学都非常重视培养学生的实践能力，并为此开设了相应的项目，如麻省理工学院的本科实践导向项目，斯坦福大学的技术投资项目。

第三节 高校课程国际化的要素

高等教育课程国际化并不是简单的"引进来"与"走出去"，它包含一系列的要素。笔者认为，高等教育课程国际化的开设要从课程国际化的观念、课程国际化的目标、课程国际化的内容、课程国际化的实施和课程国际化的评估五个方面进行探讨。

一、高等教育课程国际化的观念

课程国际化是指将国际或跨文化内容引入高等教育的教学、研究和服务中，高等教育课程国际化是一种全新的高等教育课程的系统设计思想，正确理解并建立科学的课程国际化观念是高等教育课程国际化实施的先导。因此，高等教育课程国际化，首先是课程理念的国际化。高等教育课程国际化要求高校要将课程置于全球化的时代背景下进行整体设计，关注人类共同的利益与命运；遵循国际标准，建立课程管理的规范和制度，以便在世界高校课程体系中进行有效沟通、往来和对话；以多元文化为基础，突破传统文化和文化"西方中心论"的束缚，展现本土文化与国际文化的融合。我们应该认识到当今世界，各国高等教育已不能再局限于本国传统格局之中，应该主动参与到世界高等教育体系中去，必须将本国的高校课程置于全球的时代背景下进行整体设计，既要保持本国的特色与优势，又要吸收其他国家高校课程中的精华。在具体实践中，应该根据我们自己的实际情况设计出符合国际化要求的课程体系，使新办高校本国课程与其他国家应用型高等教育体系中的课程实现真正的交叉融合，求同存异、互相促进、共同发展。

根据课程国际化课题组对宁波诺丁汉大学、浙江外国语学院、安徽外国语学院、浙江大学宁波理工学院、浙江树人大学、浙江越秀外国语学院、闽江学院等高校的调研，上述高校 100% 认为课程理念的国际化的核心是培养适应国际市场需要的国际应用型人才，并合理实现中外课程的交叉融合。这一调研结果体现了国内高校对高等教育课程国际化理念的实用化倾向，也说明目前我国大多数新建本科高校对课程国际化的认识已有很大提高。但课程国际化不能仅仅停留在口头上，也不是简单地等同于引进国外教材、开设双语课程等实践手段。课程国际化理念应贯穿在人才培养定位、课程设置、教材运用、教学组织等整个教学过程与各个培养环节之中，而这恰恰是我国一般本科高校的薄弱所在。在某种意义上，课程国际化观念是高校课程国际化建设的前哨，课程国际化意识与观念贯彻不力是我国高校课程国际化进程中的首要障碍。

二、高等教育课程国际化的目标

课程目标是对课程实施结果的一种预期，也就是课程价值观的具体化，是人才培养目标在课程设置中的反映。课程内容的设计和课程实施的进行，基本上是以人们对课程目标的学习、认识以及变通把握为重要前提的；即使是课程评价，它的实行也是以课程目标的实现程度和水平为重要依据和准绳的。可以说，课程目标的研制与实现贯穿课程运行的全过程。人们只有充分认识课程目标，科学地研制、错落有致地设计课程目标，才能比较理想地实现课程目标。高校传统的课程目标往往致力于培养学生了解并掌握某门具体的学科知识、操作能力，目标设定较为单一、狭隘和片面，而国际化的课程在目标定位上应该立足于培养学生的国际视野、全球意识和参与国际事务的能力，强调知识的同时更加注重参与能力，尤其是强调适应全球化发展需要的能力，这是对传统课程目标的深化与发展。

目前我国大多数本科院校，无论是从课程目标、课程内容、课程设计，还是从课程管理、课程评价上，都没有真正确立相应的国际化战略。如果我国高校在很长时间内难以明确课程国际化战略的基本依据，要真正实现课程国际化就变得相当困难。根据课程国际化课题组对东南沿海地区 7 大高校的调研，除了能在培养学生的国际视野和全球意识、培养学生了解并掌握某门具体的学科知识和操作能力两项内容上达成一致之外，选择强调知识的同时更加注重参与国际事务的能力、强调适应全球化发展需要的能力、与国际对照以培养学生的实践能力等课程国际化目标选项的高校仍占一定比例。可见，我国相当多的本科院校课程国际化目标仍有待进一步明确。

三、高等教育课程国际化的内容

课程内容的国际化是高等教育课程国际化的重要载体。高校要达到国际化的培养目标，关键在于高等教育课程内容的国际化。当今人类面临诸多世界性问题，如环境问题、人口问题、贫穷问题、战争问题等。各国都迫切需要通过教育，使人们对这些世界性问题达成共识，并采取共同的、协调一致的行动来解决。西方学者莫里斯·哈拉雷认为，课程国际化不仅包含外语训练和国际区域研究学科的发展过程，而且还包含将全球视角引入一般学科的"学科普遍化"过程[①]。美国的伯恩教授亦提出国际教育要在国际的框架内讲授一门学科，以使国与国之间的相互联系的重要性，以及诸如贫穷和种族歧视等问题的普遍性引起学生的重视。俄罗斯在教育法中规定，教育内容应该保障社会总体文明和职业文明的国际水平。西欧国家的一些大学则纷纷设计多元文化理解的内容。因此，世界性问题、世界意识和国际视野是课程国际化的核心内容。

经济合作与发展组织（Organization for Economic Co-operation and Development, OECD）所做的归纳也较为清楚地体现了高等教育课程内容的国际化。OECD 在总结各国开展国际性课程的基础上，归纳出了 9 种类型的国际化课程。

（1）具有国际学科特点的课程，如国际关系。

（2）传统课程通过国际比较与借鉴得以延伸和扩大的课程，如国际比较教育。

（3）培养学生从事国际职业的课程，如国际商务、国际营销。

---

① AUCC. Internationalization of the curriculum: a practical guide to support Canadian universities efforts. http://www. aucc. ca/_ pdf/ english/publications/curriculum-2007-en. pdf ［2012-08-15］.

（4）外语教学中的关于跨文化交流与外事技能的课程。

（5）关于外国某一个或某几个区域研究的课程。

（6）培养学生获得国际专业资格的课程。

（7）跨国授予的学位课程或双学位课程。

（8）海外教师讲授的课程。

（9）专门为海外学生设计的课程。

上述课程中，涉及教育内容国际化的占多数[①]。

随着我国高等教育国际化逐渐被教育界重视，高校课程体系涌现了大量的国际化现象。一是开设与本专业关系密切的国际教育课程或关注国际主题的新课程；二是授课教师或课程编者主动在课程的教学中注入国际化内容；三是使用国际通用教材和进行双语教学；四是有计划地集中开发和落实国际化课程；五是学生跨国选修课程，各国高校间互相承认文凭和学分。这种选修课程的学习又可通过两种方式来实现，其一是远程教育，其二是互派教授实地讲授。近年来，一些地方性高校甚至独立学院也相继加入"学分互认、学历互认"的热潮，这将非常有助于学生跨国选修课程；六是与国外高校间建立校际联系与合作，实行"交换生"制度，互派学生到对方高校学习一段时间。如湖北经济学院、浙江越秀外国语学院等普通本科院校，每年均有批量学生通过这一方式获取接受国际化课程和感受国外高校氛围的机会。

目前，我国高校也已经开始重视课程设置与课程内容的国际化，并采取相关措施促进课程内容的国际化进程，如调整和增加了与国际经贸、科学技术交流有关的课程，强调课程内容的通识性与实践性；通过中外合作办学的方式，直接使用国外课程等。但是，目前我国高等教育课程国际化还存在不足的方面。

（1）缺少法律和制度保证，以致课程内容国际化的规范性难以保证。

（2）具有国际化内容的课程的开设还处于分散状态，不同高校以及不同地区之间发展极不均衡。

（3）以全球视角编写的教材和开设的课程还不多，这对提高课程内容国际化的内涵和质量形成了较大的制约。

根据课题组对宁波诺丁汉大学、浙江越秀外国语学院、浙江大学宁波理

---

① OECD Indicators. Education at a Glance 2011. http：//dx. doi. org/10. 1787/eag-2011-en ［2012-08 -15］.

工学院等高校课程内容国际化的调研，体现国际学科特征的课程、通过国际比较和借鉴使得传统课程内容得以延伸的课程、培养跨文化交流与交际能力的课程等基本处于稳定成熟阶段，致力于培养学生国际职业素质的课程、与国外某个或某些区域相关的研究课程、培养学生获取国际专业资格的课程等基本处于执行发展阶段。特别是针对后两所高校来说，跨国授予的学位课程或双学位课程、海外教师讲授的课程处于初步规划阶段，而专门针对海外学生或国际留学生设计的课程才刚刚起步。这些情况表明，我国高校课程内容国际化的发展水平仍居于较低水平。

四、高等教育课程国际化的实施

高等教育课程国际化目标的实现和课程内容的付诸实践，最终有赖于课程实施这一重要环节。高等教育课程国际化的实施主要围绕教与学两方面展开，通过创设国际化的教学环境、采用国际通用语言、运用现代化的教学方法和应用现代教育技术四方面来确保课程国际化的实施。各国高校可以通过多种途径创设国际化的教学环境，营造国际化的学习氛围。高校通过招收海外留学生和引进外国专家带来异国的文化与习俗，促进国与国之间文化的碰撞与融合，增进相互的宽容与理解。而派遣到海外学习与研修的师生带回的经验，也能有助于该校更好地认识和理解异国文化。作为国际化的语言，英语在国际交流中至关重要，高校可以用英语授课，讲授国际化课程，在教学方法上改变"讲听式"的教学模式，根据课程内容和学生特点，灵活运用启发式、研讨式、过程导向式及任务驱动式等多种教学法，结合国内外典型案例进行分析探讨，从而拓展学生的思维和认识，激发学生的创新意识。

课程国际化的实施可以有多种形式，除了双语教学外，还可以展开远程教育、与国外互派教师与学生等。有人认为，采用国际上通用的现代教育技术，是高校课程实施国际化的基础。的确，现代教育技术与传统教学方式相比，有着根本区别。前者能够充分发挥学生个体的潜能、主动性、创造性，形成鲜明的个性，以学生为中心；后者以教师、教科书为中心，通过班级授课批量生产学生，学生缺乏主体性、个性。将课堂教学与现代教育技术相结合，体现了个性化培养、创造性人才培养的教育思想，最直接的影响是借助信息网络技术可以建立信息化的国际高等教育平台，利用电子媒介极强的渗透性和网络技术应用的广泛性，改变讲授式教学模式的局限性，最大程度地实现资源共享。此外，我们还应注重考试模式的导向性与评价性作用。随着高等教育国际化的推进，传统的考试模式已经显得不合时宜，改革的方向应该是采取灵活多样的考试形式，课程论文、大作业、实验操作等考核形式都应该融入我们的考试体系中来，总之是要重视实践性、经验性的考核。

在高等教育课程国际化实施过程中，应在分析、比较、筛选和鉴别的基础上，逐步将国外优秀文化成果和科技精髓融入本土学科专业设置和国内课程教学实践中来。它不仅强调民族经济文化和全球经济文化的有机融合，更体现在国家民族精华和国际有益知识的兼收并蓄。简而言之，国际化课程的目的不在于培养学生狭隘的爱国情感，而在于培养其国际视野和全球意识。目前我国高等院校存在的主要问题之一是课程引进与输出之间的不平衡，这不仅表现在课程模式设置上，而且表现在课程内容安排上。众多高校以发达国家和地区为标杆，学习、借鉴和引进他国的优秀课程资源，甚至不少高校直接运用国外原版教材进行教学。在吸收引进过程中，不局限于本国传统格局，主动参与到世界高等教育体系中去，这一点无可非议。但是，也应该考虑到中国目前国情和校情的不同，以及学生文化背景、思维方式、知识结构的差异。在课程国际化理论与实践的探索道路上，必须充分意识到这个问题，建立科学合理的课程国际化的实施模式，从而使课程真正地实现国际化。

五、高等教育课程国际化的评估

课程管理是课程实施的有效保障，课程评价则是课程优化的重要基础。高等教育课程国际化的评估是对高等教育课程的实施是否达到课程目标、高校是否创造了足够的机会使学生取得预期目标的一种评估，也是对教学质量实施的一种评估。它主要表现在评价内容、评价主体、评价标准与评价组织四个方面。

世界各国对上述四种评价方面有不同的理解。在评价的内容上，有的国家只对课程实施进行评价，有的国家还要对课程编制进行评价。例如，英国的教育质量评价的指标体系就分为六个方面，即课程设计、内容与组织；教学与评估；学生进步与成绩；学生支持与指导；学习资源；质量管理与提高①。在评价主体上，有的国家是只有本国学者参与，有的国家是本国学者与非本国学者共同参与。1998年，联合国教科文组织在巴黎召开的世界高等教育大会上通过的《世界高等教育宣言》提出："……除了自我评估外，由专家尤其是有国际经验的专家进行外部审查，是非常重要的②。"在评价标准上，有的国家采用本国评价体系，有的国家采用国际承认的、具有国际可比性的质量标准。《世界高等教育宣言》提出："应建立独立的国家机构和确定国际公认的质量标准。"国际性是评价高等教育质量的因素之一，高校采用国际承认的、具有国际可比较的质量标准，就会明确该校在国际教育体系中的位置，从而做出有针对性的决策。在评价组织上，有的国家以政府主导为主，有的国家的非政府主办的中介评价机构起着重要作用，如美国。我国高等教育课程国际化的评估必须按国际上通行并能够接受的标准改革课程要求，在得到世界高等教育界的普遍承认和共同尊重之外，融入各国高校课程之间共同的条例规定和评价标准中去。总而言之，融入世界高等教育课程国际化评价标准，建立面向全球的课程国际化评价体系，是我国高等教育实现课程国际化的重要环节。

从上述因素分析来看，要实现高等教育课程国际化，必须先树立正确的课程观念；在正确的观念的引导下，才能制订适宜的课程目标；而有了课程国际化的目标，就有了课程内容选择的依据；在具备良好的课程国际化的条件下，采用与之相匹配的课程实施手段和评估体系，才能开发出真正具有全球意识和国际视野的高素质的国际化课程，从而更好地实现课程国际化的目标，并最终反馈和作用于课程国际化理念。由此可见，高等教育课程国际化的评估的各个要素是一个有机的整体，需要加以合理配置，并充分发挥其协同作用，才能最大限度地推进我国高等教育的国际化进程。

---

① 高有华，王银芬. 国际高校课程改革发展的趋势 [J]. 辽宁教育研究，2008 (11)：117-119.
② 赵中建. 21世纪世界高等教育的展望及其行动框架 [J]. 上海高教研究，1998 (12)：1-8.

第三章 高校课程国际化：现状与动态

了解我国高校课程国际化的现状，把握其发展动态，是制定高校课程国际化发展策略的关键所在。本章我们在分析课程国际化在高校国际化发展中的地位的基础上，对高校课程国际化的内在需求及外部驱动、高校课程国际化的影响因素及实施条件、高校课程国际化发展的现状及动态展开分析讨论。

第一节 课程国际化在高校国际化发展中的地位

高等教育国际化的历史源远流长。伴随着信息一体化、经济全球化和文化多元化的不断深入，国际化发展已经成为未来各高等院校发展的主流趋势。所谓高校国际化发展，具体是指高校在教育理念、教育思想、教育内容、教育模式、教材、课程、教师培养、学生教育等诸多方面均向着国际化的方向发展。在高校国际化发展的进程中，课程国际化是一个不可或缺的基本要素。虽然高校实现国际化发展的途径有多种，形式各异，内容多样，但高校作为人才培养的基地，教学是其一切活动的中心，因此国际化的课堂教学应当是高校国际化发展的重要组成部分，而国际化的课堂教学就自然离不开国际化的课程。所以，为了达到国际化的发展目标，各高校必须积极推进课程国际化建设，从根本上提升自身的教学水平，增强国际竞争力。

在 17 世纪，欧洲大学课程体系和内容陆续向美国等其他国家和地区传播，成为早期课程国际化的典型形式。通过借鉴德国、英国等发达国家课程设置的成功经验，美国高等教育课程体系体现出显著的国际化特征。约翰·霍普金斯大学创建于 19 世纪 70 年代，但由于其完全仿效德国洪堡大学的教育体制，在比较短的时期内，培养了严谨的科研精神，学院氛围与传统英式学院截然不同，这也大大影响了耶鲁大学等传统意义上的大学积极向研究型大学的转变。进入 20 世纪，美国高校的规模已经开始超过欧洲国家，高校课程数量亦呈现爆发性增长态势。20 世纪 50 年代后，德国反过来开始效仿美国高校教育体制和课程模式。由此可见，发达国家在教育体制上的相互借鉴和在课程内容上的相互移植，是高等教育国际化的最初表现形式。

在全球化背景下，美国高校校长和负责高等教育的官员普遍认识到学生获得国际知识的重要性，在构建本国高等教育课程体系的过程中，增加了世界文明、国际政治、国际金融等国际化课程内容，以加深学生对国际经济、政治和文化的理解，开阔学生的国际视野；加强全球化和区域化相结合的课程的主修和辅修计划，让学生建立多元的知识结构体系；大力开展外语教学，特别是针对跨学科和跨专业领域的教学，以提高学生的外语应用和跨文化交流能力。在美国高校普通教育课程中，目前有 46% 的二年制院校和 77% 的四年制大学，至少设置一至两门包含国际化内容的课程。20 世纪 90 年代，根据澳大利亚教育国际开发计划所做的一项大学情况调查报告，在澳大利亚高校的 1000 多门课程中，有大约 400 门课程包含有国际内容，占总课程门数的 25%。而就日本来说，其高等教育目标中早已包含培养具有全球意识和国际观念的创新型人才，即富有"国际性的日本人"，突显国际知识在日本高等教育课程体系中的重要作用。

目前，高等教育课程国际化已被纳入大多数国家高等教育的整体战略规划。促进这一进程的重要推动力在于，英语已经发展成为世界语言，TOFEL 和 GRE 等成绩以往仅仅适用于美国大学研究生入学条件，如今在英国、澳大利亚等许多国家的大学都将其作为大学入学英语水平的参照。在这样的背景下，诸如语言学、管理学、经济学等学科领域，不仅可以尝试制定全球范围内统一的入学标准，而且课程模式亦可以统一加以设置，并颁发国际通用的资格证书。因此，高等教育国际化开始逐渐向着全球标准化和统一化的趋势发展。

随着经济的发展和国际地位的提升，我国高校国际化发展的步伐越来越快，国际化发展的要素也越来越多，在注重高素质教育人才引进的同时，也越来越注重国际化课程的建设，使得我国高等院校国际化发展向着更高的水平迈进。在过去很长一段时间里，我国高校虽然积极探索国际化发展的道路，但是并没有将课程国际化提升到国际化发展的核心位置。随着国际化发展的不断深入，我国高校逐步意识到课程国际化的重要性，认识到只有建设一批先进的国际化课程才能真正缩小与国际顶级名校之间的差距，进而逐步将国际化课程建设作为学校国际化发展的中心内容，顺应时代潮流，将积极推进本科教学课程的国际化作为学校实现国际化发展的主要手段之一。

第二节　高校课程国际化的内在需求及外部驱动

高校课程国际化是高校顺应时代潮流，实现国际化发展的必然选择。它既是高校提升自身国际化教育水平，为国家培养具有国际竞争能力的高素质创新型人才的内在需求，也是当今时代政治经济发展、文化多元化等外部因素驱动的结果。

一、高校课程国际化的内在需求

从高校自身发展的角度来看，其内部的多元化发展是中国高校课程国际化的动力。当今的中国，知识经济已经初见端倪，但是由于其国际化程度不高，使得以知识经济为载体的信息化在全球发展很不平衡。为了提高办学水平和声誉，高校需要不断学习和借鉴他国的经验，了解本学科在国际上的最新动态和成果，以便进行学术创新。中国要办成国际一流的大学，高校必须要国际化，而课程的国际化是实现高校国际化的基本途径。因此，高校课程国际化是高校自身发展和人才培养的内在需求。接下来，我们从以下几个方面来展开讨论。

(一) 课程国际化是建设世界一流大学的必然需求

对于世界一流大学而言，建设一流的国际化课程是其首要任务之一。因为一流大学必须要能够培养出国际通用的高素质人才，而一流的国际化课程则是培养国际化高素质人才的前提。进一步分析可以发现，课程国际化对建设世界一流大学的作用主要表现如下。

（1）建设一流的国际化课程，可以有效提升师资队伍的水平。

（2）建设一流的国际化课程，可以促使学校取得世界领先的科研成果。

（3）建设一流的国际化课程，可以有效提升学校的国际化高素质人才培养能力。

（4）建设一流的国际化课程，可以进一步促进学校同世界顶尖名校之间的交流，从而促使高校进一步优化管理制度，构建世界领先的高校管理模式。

进一步研究世界高等教育的发展史，我们可以清楚地发现，国际化是当今世界每一所一流大学成长的必经之路。为了进一步加快"双一流"大学的建设进度，提升我国的高等教育水平，在党中央和各级教育主管部门的正确指引下，我国许多高校都积极制定了国际化发展战略。高校课程是高等教育的"心脏"，要建设国际化一流大学，就必须建设一流的国际化课程。

（二）课程国际化是高校提高学生综合素质的必然需求

现代国际通用高素质人才，是具有宽阔的国际视野、熟悉国际规则且专业基础扎实的综合型人才，在这类人才的培养方面，传统课程显得力不从心，故而高校课程必须走国际化发展的道路。国际化课程将全世界优秀的文化知识有效融为一体，不仅具有更加多样化的内容和更加开阔的国际视野，而且具有更加灵活的课程实施途径。在全方面满足学生求知欲望、培养学生多方面的兴趣爱好的同时，给予学生更多的课程内容选择权，学生可以按照自己的兴趣爱好选择合适的内容进行学习，这样做可以充分调动学生的主观能动性，开发学生智力，增强学生的理论实践与创新能力，使之成为综合素质高超的国际通用人才。

（三）课程国际化是高校拓展学生国际视野的必然需求

在新时期，培养国际通用高素质创新型人才是我国高等教育的当务之急。国际通用高素质创新型人才必须具有开阔的国际视野，因此我国各大高校在国际化发展的过程，均将拓展学生的国际视野作为一项重点任务。例如，北京大学把培养"具有国际视野的、在各行各业起引领作用的、具有创新精神的领导型人才"[1] 作为其目标，中山大学以"善待学生"为办学的核心理念，以培养"具有国际视野、满足国家与社会需求的高素质复合型拔尖创新人才"[2] 为目标。然而，无论哪所大学，其学生对知识的获取都离不开课程，优秀的课程设置，不仅可以更好地向学生传播先进的文化知识、提升学生的综合素质、培养学生的专业技能，还可以使学生的情感得到更加完善的发展。故而，高校要想拓宽学生的国际视野，在课程上下功夫、建设国际化课程无疑是一条最便捷且最有效的途径。

---

[1] 王根顺，王辉. 我国研究型大学本科生科研能力培养的途径和实践 [J]. 清华大学教育研究，2008 (03).

[2] http://www.zsu.edu.cn/2009/xxgk.html

（四）课程国际化是高校培养学生创造能力的必然需求

创新是每一个民族发展的前提，是每一个国家维持繁荣的保障，是人类文明不断向更高水平迈进的源动力。高校是高素质人才的聚集地和培养基地，是社会创造力的源泉，提高学生的创造能力是高校的核心任务。同时，高校向着更高的水平发展，同样离不开教育模式与教育管理模式的创新。

目前，我国正处于社会主义生产力转型升级的关键时刻，经济发展正从之前的求量转变为求质，同时日益不确定的国际形势又给我国经济带来了沉重的下行压力。面对新形势，我国积极鼓励社会创新，加强推进创新型国家发展战略，将发挥国民的创造力作为民族伟大复兴的主要依托。在这样的环境之下，高校更应当承当其促进社会创新的时代责任，将培养学生的创造能力作为学校人才培养工作的重中之重。

创新能力源自个人主观能动性的发挥，过多的共性制约和过分的统一要求都会严重束缚学生的主观能动性，影响学生创新能力的培养。大量的实践证明，为学生营造自由的学习氛围、鼓励学生发扬独立的批判精神、启发学生多样化的思维，是培养学生创新能力的关键所在。与国内的大部分高校相比，国外一些知名学府在这方面要做得好很多，它们普遍拥有自由、开放、包容的学术环境，更注重学生个体意识的培养和发挥，更能促使学生积极展开多样化的个性思维。故而，我国高校要想提升学生创新能力的培养能力，就应该走国际化发展之路，与国外高校展开多层次的交流合作，学习借鉴其先进的教育理念和学生培养模式。在高校国际化发展中，课程国际化是重要组成部分，是高校教育理念和学生培养模式的主要载体，积极推进课程国际化建设，可以快速转变我国高校传统的教育理念和学生培养模式，在开阔学生国际视野的同时，将国外高校先进的教育理念和学生培养模式学习过来，锻造学生的创新思想，培养学生的创造能力。另外，创造能力的培养离不开交流与合作，积极推进课程国际化建设，将我国高校课程与国际接轨，可以为我国大学生创建全球化的学术交流平台，给他们更多与国外学者进行思想交流与思维碰撞的机会，这对于学生创新能力培养具有十分重大的意义。

（五）课程国际化是高校提高学生自主学习能力的必然需求

时代是不断前进的，科学技术是不断发展的，这就要求国际通用人才不仅要具有扎实的专业基础、过硬的专业技能、高超的国际业务能力，还要具有较强的自主学习能力，能够及时学习社会的新知识，适应社会的新需要。因此，高校在人才培养的过程中，必须将对学生自主学习能力的培养作为重要对象。实践证明，赋予学生更多的自主学习权利，为学生提供更多的自由学习机会，是提高学生自主学习能力的关键所在。我国高校传统的课程体系更注重知识的灌输和统一的教学目标的实现，并没有给予学生足够的自由学习空间，这不利于学生自主学习能力的培养。加强课程国际化建设，增加多元化的课程内容，为学生创造更加宽广的自由学习空间，才是培养学生自主学习能力的必经之路。

二、高校课程国际化的外部驱动

（一）政治经济发展的驱动

当今，世界各国之间的联系日益加强，政治和经济的发展，要求高等教育为提高国家的国际地位和综合国力服务，而综合国力的提高最终依赖于国际型人才的培养，国际型人才的培养目标要求高校课程必须进行国际化。21世纪以来，中国经济处于新型工业化高速发展时期，中国经济结构从以农业为主转变为第二、第三产业加速发展的时期，经济发展的形态及结构决定了高等教育的培养目标和人才培养模式，经济形态对人才的要求反映到高等教育的培养目标中。随着世界政治、经济的发展，中国正逐步走向世界政治舞台，积极参与世界政治活动，参加各种政治、经济论坛，也需要国际化的人才。因此，政治、经济的发展推动着高校课程国际化的进程。

（二）多元文化的驱动

很多学者认为，多元文化能够促进不同文化群体之间的相互了解与尊重。

随着现代科学技术、经济活动的跨国发展，政治领域的合作加强，不同文化群体之间的交流日趋频繁，理解与尊重他国民族文化的重要性日益增强。世界多元文化在中国课程国际化方面有着重要的意义，多元文化要求中国要吸收世界文明的合理成分，世界文明也需要中国文化的充实。任何一个文化系统都只有在与异域文化的交流与融合中才能得到不断的更新，从而始终保持旺盛的生命力，日渐成熟并繁荣昌盛。因此，多元文化的教育应该置于广阔的国际背景下，促进国与国之间的理解与尊重。

第三节　高校课程国际化的影响因素及实施条件

一、高校课程国际化的影响因素

高校课程国际化有着深刻的政治、经济和文化背景，是当今世界高等教育的必然发展趋势。研究表明，影响高校课程国际化的因素有很多，其中最主要的因素包括政治因素、经济因素、文化因素、科技因素、国际组织或机构。

（一）政治因素

争夺霸权与文化渗透是政治动因的两个主要方面。大学与社会的关系历来是高等教育争论的焦点。在过去几百年里，高等院校已经成为其所在社会不可分割的一部分。正如管理学大师德鲁克所言："大学现在不仅是美国教育的中心，而且是美国生活的中心，它仅次于政府成为社会的主要服务者和社会变革的主要工具[①]。"正因如此，高等教育国际化被作为一种工具向外渗透和传播本国的政治观念，而作为高等教育国际化的核心组成部分的课程国际化，自然会成为各国政治观念的重要载体。

（二）经济因素

经济是社会结构的基础，对整个社会的发展起着决定性作用，作为社会重要组成部分的高等教育自然深受其影响。随着社会经济的高速发展，其为

---

① ［美］约翰·S. 布鲁贝克著. 王承绪，等译. 高等教育哲学 ［M］. 杭州：浙江教育出版社，2002.

教育提供的物质条件越来越雄厚，对教育的要求也越来越高，进而要求教育做出适当的变化以适应新的经济发展的要求。反过来，教育的生产性又决定了教育，尤其为社会发展培养高级专门人才的高等教育，对社会经济发展起着积极的促进作用①。既然高等教育深受经济因素的影响，那么作为高等教育内容主要载体的教材自然也必深受经济因素的影响。实践证明，世界各国的高校课程都在随着其经济的发展而不断变化。

（三）文化因素

随着经济全球一体化及信息传播的全球化，不同国家、不同文化的人们交往越来越频繁，人们要了解世界其他国家文化的需求越来越大，而文化又是依靠教育来传递、保存和发展的。高等教育的文化功能表现为以下两个方面②。

（1）高等教育本身就是文化的一部分。

（2）高等教育承担着人类优秀文化的传承、传播以及创造先进文化的使命。

在这样的背景下，各国高校课程不仅要发扬本国优秀传统文化，还应该借鉴和吸收世界各国先进文化，使本国文化既体现其民族特点又迎合国际化的发展趋势。例如，加拿大大学和学院协会做的一项调查发现，一些高校推进课程国际化进程的主要目的是为了提高学生国际性、跨文化的知识技能或促进有关国家间文化、经济、环境、政治等方面相互依存的研究③。

（四）科技因素

世界范围内的科学技术特别是新科技革命所带动的信息产业的迅速崛起给高等教育带来了很大的冲击。因为任何一所作为科学技术的创造和孵化基地的高等院校，都不可能提供科技全才或者在所有科学领域上都保持领先地位，它必须同世界其他国家的高等院校进行交流与合作才能适应这种趋势。因此，高校必须积极推进课程国际化，以适应高科技发展的需要。

另外，由于以电脑、电视和卫星为主体的现代化信息网络已经把世界联

---

① 袁振国. 当代教育学 [M]. 北京：教育科学出版社，2001.
② 袁振国. 当代教育学 [M]. 北京：教育科学出版社，2001.
③ 陈学飞. 高等教育国际化：跨世纪的大趋势 [M]. 福州：福建教育出版社，2002.

系成一个整体，进一步有可能把全球的高等院校、研究机构、图书馆和其他各种信息资源结合起来，组成一个超大规模的资源库①，打破人类交往基础上的国家和地域之间的界限，消除人们观念和文化上的障碍，方便各国之间的交流与合作②。全国、地区及世界性网络的形成，使知识与技术的传播瞬间即成。网络化已成为新世纪知识、经济与信息社会的一个重要特征，极大地推动并为高等教育国际化提供了有力手段与捷径。大型开放式网络课程，即MOOC（massive open online courses）是互联网与教育的融合，是经过多年摸索出来的互联网环境影响下的教育发展模式。犹如一块石头坠入平静的水面，MOOC让全球高等教育掀起阵阵涟漪。MOOC意味着校园围墙正在被打破，优质教育资源的共享已经成为时代的必然，传统意义上的大学职能将会发生颠覆性变化，教育会超出现有教育范畴，成为国家文化和软实力输出的重要载体。同时，MOOC以其新颖、科学、合理的课堂教育设计，正在吸引和启发学校管理者和一线教师对传统的课堂教学模式除旧布新，以提高学校教学质量。可以预言，MOOC这一教学技术如能被善加利用，一定会成为移动智能时代传统课堂教学改革的"助推器"③。MOOC的出现真正体现了高校课程的国际化。伴随着经济全球化趋势的加强和科学技术的不断进步，高校课程国际化的发展将更加快速、有力④。

（五）国际组织或机构

在高校课程国际化的进程中，越来越多的国际组织或机构扮演起越来越重要的角色，如联合国教科文组织、国际教育局、经济合作与发展组织、东南亚教育部部长组织、国际教育成就评价协会、亚太国际教育协会、国际劳工组织等，这些机构以论坛、国际会议等形式就各国共同的教育问题进行讨论，对不同的高等教育政策进行比较，收集并分析比较数据，提出种种有利于高校课程国际化的建议和计划，对高校课程国际化进程起到了极大的促进作用。

---

① 王守法. 新科技革命对高等教育的影响 [J]. 科学管理研究, 2002 (03)：77-81.

② 汪旭辉. 高等教育国际化的动因与模式——兼论中国大学国际化的路径选择 [J]. 辽宁教育研究, 2007 (08)：90-93.

③ 苏芃, 罗燕. 技术神话还是教育革命？——MOOCs对高等教育的冲击 [J]. 清华大学教育研究, 2013 (04)：6-12.

④ 邵光华, 袁舒雯. MOOC对高等教育国际化发展的影响与启示 [J]. 宁波大学学报（教育科学版）, 2015 (06)：49-53.

二、高等教育课程国际化实施的必备条件

许多国家都对高等教育课程国际化实施的必备条件进行了探讨，其中以美国教育委员会和加拿大大学与学院联合会的观点最为贴近和具体。美国教育委员会认为，高等教育课程国际化需要具备以下条件[①]。

（1）确保有将课程国际化摆在优先地位的积极的领导班子。课程的国际化工作必须有积极的领导班子、持续不断的资金资助、来自管理部门和教职员工的领导和参与。

（2）建立行动战略框架。高等教育机构要建立战略框架来管理这些工作。该战略框架要清楚地表达国际化学习的目标和结果，明确通过学术项目以达到预期目标的机会。因此，必须制订一个涵盖高等教育课程国际化所有工作的国际化计划。

（3）给教职员工提供实践机会，即为教职员工提供在外国高校从事教学与研究的机会、到国外讲学和参加国际会议的机会等，并对在促进课程国际化上做出努力的教职员工给予奖励。

（4）致力于课程的国际化维度。

加拿大大学与学院联合会于2009年发布评论，提出高等教育课程国际化需要具备以下条件。

（1）寻找成功的合作伙伴以支持跨国学习。

（2）将外语融入课程教学和项目之中。

（3）支持并维持教职员工促进课程国际化的热情。

（4）借助学生的经验，促进校内的跨国和跨文化学习。

（5）在评估和测量学生的学习结果的背景下，展示课程国际化的价值[②]。

我们认为，上述两种表述的侧重点不同，美国教育委员会的观点突出形而上的思考，加拿大大学与学院联合会的观点更偏向于形而下的具体内容。在实践过程中，我们要取长补短，将两者综合起来考虑。我们的立足点应在于，根据我国当前国情和本科学校的校情，探索并制定出一条满足现实发展

---

① 黄英. 高等教育课程国际化的内涵及其发展趋势 [J]. 人力资源管理（学术版），2009（5）：108-110.

② 柯闻秀. 高校课程国际化研究 [D]. 长沙：中南大学硕士学位论文，2002.

需求的特色化课程国际化发展道路，这是目前我国本科院校亟待解决的关键问题。特别重要的是，依托本校优势和特色，明确自身定位，形成发展重点，特别是在课程建设政策、课程建设资金、课程建设资源等方面对优势学科进行扶持，有效加大对先行课程国际化的支持力度。通过优势学科或专业的课程国际化，带动其他与其相关的学科课程的国际化建设，以点带面，循序渐进地实现所有学科课程的国际化，从而全面推动高等教育课程国际化发展。此外，高等院校还应加大国际化培养和引进力度，强化师资队伍国际化建设。一方面，各高校应该制定有效的激励机制和充分的保障措施，鼓励本校教师海外留学和进修，更新教师课程国际化理念，熟悉国外高校的课程规划和课程设置，扩大国际化视野的同时增添课程国际化的知识储备。另一方面，还应该实施优惠政策和待遇吸引海外学者，重点引进和聘请海外高端人才，从而有效充实本校教师队伍。坚持"送出去培养"与"赴海外引进"双管齐下的政策，大力推进高校师资队伍国际化进程。

第四节　高校课程国际化发展的现状及动态考察

一、中国高校课程国际化发展的现状考察与问题分析

（一）中国高校课程国际化发展的现状考察

我国高校在课程国际化方面的探索由来已久，虽然距离国际一流学府的课程国际化水平还有较大的差距，但所取得的成果也是值得肯定的。总体上看，目前我国高校的课程国际化发展主要集中于以下几个方面。

（1）进一步加大外语学习的力度，特别是对英语的学习。英语是一种国际语言，是培养具有国际竞争力人才的基石，是走向世界进行国际交流的工具，是反映一所大学所开设的课程是否国际化的一个重要指标。我国许多大学都在英语教学方面进行了改革，调整了英语课程体系，针对大学生英语水平差异大的实际情况，进行大面积因材施教，重点提高学生听、说、读、写、

译的语言能力，培养学生使用英语进行交际的能力。

（2）积极地加强双语（或全英语）教学课程的建设。为了适应经济全球化和高等教育国际化的趋势，在国际相关政策的引导下，各高校相继进行了双语教学的实践，选用世界一流大学的现行教材，精心准备教学内容，同时改进教学方法，采用多媒体和教学软件进行辅助教学，启发学生的创造性思维，力争达到世界知名大学的课程教学质量。

（3）积极地加强教材特别是原版教材的引进。为了培养出具备国际意识和宽阔视野的、具有国际竞争力的优秀人才，目前许多学校都在加强教材特别是原版教材的建设。

（4）加强教师对课程的引进与输出。从实践来看，扩大教师的国际交流是目前我国重点大学提升教师国际化水平、促进课程国际化建设的主要途径。近年来，许多高校都采取多种形式增加教师的国际交流，以此推动课程国际化的建设。

（5）重视学生的海外学习课程。目前，国内众多高校日益重视学生的海外学习实践。学生的课程学习不但包括在本国范围内的学习，还包括海外学习。总的来说，海外学习课程主要包括以下两个方面。

①我国学生的海外学习，主要是通过派遣留学生来实现的。无论是以公费还是自费形式，近年来我国向国外派出了大量的留学生，造就了众多深谙异国文化的国际性高层次人才。

②他国学生的来华学习，主要是通过接纳留学生来实现的。近年来，在派出的同时，我国大学也在努力地接纳海外学生来华留学，大力发展境外留学生教育。

（二）中国高校课程国际化发展的问题分析

由于在课程国际化理念、战略、师资等方面存在"短板效应"，与发达国家或地区高校相比，目前我国本科高校课程国际化发展进程仍相对滞后。总体而言，目前我国本科高校课程国际化面临的主要问题有如下五个方面。

1. 课程国际化理念存在误区，课程输入和输出严重失衡

目前，我国相当一部分本科高校习惯于把课程国际化看成是单向行为，即认为课程国际化本身具有内向型及被动接受特质，而忽略或否定外向型因素，致使过多地进行课程输入，而少有课程输出。这种课程国际化理念的误

区，现实存在于我国绝大多数应用型本科院校，我国部分高水平研究型大学亦是如此。实际上，当今世界课程国际化的趋势之一是课程输入和输出的对等性和均衡性。在许多发达国家，高校提倡在学习和吸收他国先进知识的同时，以本国优良传统文化和资源禀赋为依托，将特色课程和内容进行有选择地输出，从而有效推进课程国际化进程[①]。相比较而言，我国本科高校重"出"轻"进"，课程引进和课程输出的数量和质量处于严重失衡状态。通过哈佛大学与中国传统课程的比较研究可以找出深层次原因，国外课程多以批判和辨析为主旨，而国内课程侧重叙述与鉴赏。因此，出现课程国际化理念的误区，一定程度上可以归因于我国传统文化批判性思维的缺失。

2. 人才培养及课程目标缺乏指向性，课程国际化经费投入仍欠充足

人才培养目标的国际定位是课程国际化实施的关键因素之一。即使针对北大、清华、上海交大、华中科大等国内知名高校，其课程国际化的初衷仍在某种程度上停留于如何通过课程国际化来推进高水平研究型大学建设并使自身跻身世界一流名校之林，从而导致部分高校课程国际化建设主要以学校发展为出发点，而非以人才培养为核心指向。与人才培养目标有着非常紧密的关系，课程建设过程与实施的最终效果直接取决于课程目标。课程国际化建设出发点与人才培养目标偏离，导致部分高校国际化课程建设目标不明确。特别是部分地方应用型本科院校由于受到师资力量缺乏等自身资源条件约束，采用外来教材和双语或全外语授课的班级，其授课质量和课程评价还不及本土课程，在课程内容和课程形式的选择上进入选择误区[②]。此外，课程国际化经费投入仍欠充足，也是影响包括研究型、教学研究型以及教学型等多种类型在内的国内高等院校课程国际化的一个要素。由于经费短缺问题，许多课程国际化对接交流和对外教育合作项目往往被搁置。由于待遇及环境差异，许多外籍教师和海外学者不愿来华任教。

3. 外语课程设置仍显单一，小语种人才缺失制约课程国际化水平

英语是全球通用语言，在课程国际化过程中发挥着举足轻重的作用。但要深入了解法国、德国、日本等非英语发达国家高等教育国际化理念及课程

① 王璐. 高等教育课程国际化的本土追求与设计 [J]. 当代教育科学，2015（07）：14-18.
② 欧阳秋景. 对中国高校课程国际化的思考 [J]. 学理论，2012（3）：160-162.

国际化现状，就必须掌握法语、德语、日语等非英语语言，否则很难获悉其课程内容及精髓。除外语类专类院校或部分外语院系开设比较流行的外语专业之外，绝大部分本科高校课程国际化建设主要依赖于英语国家，而不能充分利用世界各国课程国际化资源。我国高校大学设置过于单一的外语课程，会影响我国对小语种人才的培养，进而导致我国本科高校或科研院所对小语种国家课程国际化研究的缺失。从这个意义上来说，外语课程设置仍显单一，小语种人才缺失是我国大多数本科院校课程国际化水平提升的严重制约因素。除此之外，我国本科高校过多注重英语读写训练，而相对轻视听说教学。不仅读写相关课程学时数远超听说教学课程，而且课程考核也集中体现在读写环节，不能实施良好的评价和监督机制，对英语听说教学的深入开展非常不利，也就不能很好地为课程国际化提供有效支撑。

4. 教材的国际化建设滞后，师资的国际化建设亟待加强

教材的国际化是课程国际化的重要内容。当前我国本科高校在教材国际化建设方面跟不上课程国际化建设需要，导致课程国际化建设进程严重受阻①。在国内优秀教材编写能力受限的背景下，大部分高校直接依赖于外来教材，但在对外来教材的甄别和选用上出现以下三种误区。

（1）有些高校在对原版教材的引进过程中不辨优劣，导致部分内容肤浅、结构松散的低层次外来教材被采用。

（2）有些高校教材引进和使用"水土不服"现象严重，因为部分原版教材尽管质量较高，但脱离国内学生和高校学科发展实际。

（3）部分高校不顾学生实际，让低年级本科生使用原版教材，虽然学生的英语水平得到了有限的提高，但专业知识的学习效果却大打折扣。

此外，国际化师资对课程国际化的推进和实施起着至关重要的作用。但是，我国高校具备教授国际化课程的师资短缺，绝大多数老师没有能力开设前沿性国际化课程。再加上专业视域有限和教师队伍建设缺乏后劲，直接影响了我国本科高校课程国际化质量的提升。

5. 缺乏有力的法律和制度保障，大学教学质量缺乏共通性

在发展变革的大背景下，任何事物的顺利成长都需要法律法规作支撑，高等教育国际化也不例外。我国在这方面虽然取得了初步成绩，但是和发达

---

① 若梅. 解析高等教育课程国际化 [J]. 江苏高教, 2011（02）：74-77.

国家和地区相比仍有较大差距。高校课程国际化的正常开展，需要国家为其提供完善的法律和制度保障，消除我国本科高校在课程国际化及国际交流中的阻碍因素，将课程国际化理念及相应的目标贯穿到每所高校内，真正完成知识体系的转化[①]。此外，高等教育课程国际化建设是一个系统工程，受国内国际多种因素制约，其中大学教学质量缺乏共通性、学历与学位的不等值是其中重要因素之一[②]。随着我国经济社会发展和国家软实力的增强，越来越多的国家开始对中国本科高校的教育质量产生认同感。但与发达国家或地区相比，与我国签订互认学历、学位或文凭的国家的数量仍偏少，以致我国输出的留学生到国外大学或研究生阶段还需重新学习已学过课程和重新取得已获学位，造成极大的资源浪费和效益损失，不利于我国本科高校课程国际化和创新型人才的培养。

二、浙江高校课程国际化发展的现状考察与问题分析

（一）浙江高校课程国际化发展的现状考察

课程国际化是一种双向流动的过程，既存在课程的引进，也存在课程的输出，通过课程引进，积极吸纳其他国家优秀文化成果；通过课程输出，将本民族的文化精华传播到世界各地，为其他国家认同和接受。这种引进与输出并重的态势是一种理想化的课程国际化的发展状态。近年来，浙江本科高校对课程国际化建设做出相当多的探索和实践，取得了不错的发展成绩。

根据中国科学评价研究中心（RCCSE）、武汉大学中国教育质量评价中心（ECCEQ）和中国科教评价网联合发布的 2017 年中国本科院校竞争力排行榜，本部分将浙江本科高校分成研究型、教学科研型及教学型三大类别，探讨每类高校课程国际化的重要意义、有利条件、发展阶段及其取得成果。其中，排名第 1 位的浙江大学是浙江省唯一一所研究型高校；排名第 2～15 位的浙江工业大学、浙江师范大学、杭州电子科技大学、宁波大学、杭州师范大学、

---

① 单胜江，付达院，孟林华. 高等教育课程内容国际化的内涵及实现途径［J］. 云南大学学报（社会科学版），2014（5）：92-96.

② 路丽娜. 我国研究型大学课程国际化建设研究［D］. 兰州：兰州大学硕士论文，2010.

浙江理工大学、温州医科大学、中国计量学院、浙江工商大学、浙江农林大学、温州大学、浙江海洋学院、浙江财经大学、浙江中医药大学 14 所高校划归为教学研究型大学；排名第 16 位之后的绍兴文理学院、湖州师范学院、浙江科技学院、浙江万里学院、嘉兴学院、丽水学院、宁波工程学院、浙江水利水电学院、衢州学院、台州学院以及宁波大红鹰学院、浙江树人学院、浙江越秀外国语学院等其他民办高校和独立学院划归为教学型大学（具体情况见表 3-1）。

表 3-1 2017 年浙江本科高校排名及类型一览表

排序	学校名称	类型	地区	总分	人才培养	科学研究	社会影响	类型
1	浙江大学	综合	浙江	82.38	82.22	82.86	80.41	研究型
2	浙江工业大学	理工	浙江	63.66	63.74	62.53	64.89	教学研究型
3	浙江师范大学	师范	浙江	63.37	62.44	62.27	66.71	教学研究型
4	杭州电子科技大学	理工	浙江	63.23	62.91	62.03	65.48	教学研究型
5	宁波大学	综合	浙江	62.61	61.87	61.44	65.72	教学研究型
6	杭州师范大学	师范	浙江	61.86	61.17	61.08	64.34	教学研究型
7	浙江理工大学	理工	浙江	61.81	61.8	60.95	62.97	教学研究型
8	温州医科大学	医药	浙江	61.76	61.3	60.95	63.8	教学研究型
9	中国计量学院	理工	浙江	61.7	61.43	61.07	63.1	教学研究型
10	浙江工商大学	财经	浙江	61.69	61.96	60.87	62.23	教学研究型
11	浙江农林大学	农林	浙江	61.2	60.72	60.6	62.98	教学研究型
12	温州大学	理工	浙江	61.19	60.9	60.62	62.58	教学研究型

续表

排序	学校名称	类型	地区	总分	人才培养	科学研究	社会影响	类型
13	浙江海洋学院	农林	浙江	61.14	60.44	61.12	62.58	教学研究型
14	浙江财经大学	财经	浙江	61.09	60.61	60.63	62.71	教学研究型
15	浙江中医药大学	医药	浙江	60.93	60.73	60.45	62.02	教学研究型
16	绍兴文理学院	师范	浙江	60.73	60.49	60.28	61.85	教学型
17	湖州师范学院	师范	浙江	60.63	60.25	60.26	61.94	教学型
18	浙江科技学院	理工	浙江	60.61	60.44	60.06	61.72	教学型
19	浙江万里学院	理工	浙江	60.56	60.57	60.05	61.26	教学型
20	嘉兴学院	财经	浙江	60.54	60.33	60.14	61.53	教学型
21	丽水学院	师范	浙江	60.52	60.57	60.06	61.05	教学型
22	宁波工程学院	理工	浙江	60.48	60.18	60.09	61.65	教学型
23	浙江水利水电学院	理工	浙江	60.48	60.23	60.01	61.66	教学型
24	衢州学院	理工	浙江	60.35	60.2	60.03	61.12	教学型
25	台州学院	综合	浙江	60.35	60.08	60.07	61.33	教学型
26	其他民办高校、独立学院	—	浙江	—	—	—	—	教学型

资料来源：中国科学评价研究中心（RCCSE）、武汉大学中国教育质量评价中心（EC-CEQ）和中国科教评价网。

1. 浙江省研究型大学（浙江大学）课程国际化发展现状

国际化是建设世界一流大学的助推器，它在建设世界一流大学的过程中具有特别重要的作用，这一作用主要表现在四个方面：国际化有利于建成世界一流水平的师资队伍；有利于创造世界一流水平的科研成果；有利于培养世界一流水平的杰出人才；有利于建立世界一流水平的管理制度。而且从世界一流大学的发展来看，虽然不同时期的世界一流大学形成过程各不相同，但有一点是相同的，即世界一流大学都是在国际化过程中形成的，没有大学的国际化，就没有世界一流大学。以下即以浙江大学为对象，分析浙江省研究型大学课程国际化发展现状。

（1）"开放联动，和合共生"的课程国际化合作理念。在国际化的工作进程中，浙江大学形成并贯彻了"开放联动，和合共生"的理念，促进全球交往、伙伴互动、网络共享，与全球伙伴建设发展共同体。外籍教师队伍规模进一步扩大，学位留学生比例进一步提高，全英文课程体系也进一步完善。数据显示，截至2017年5月，学校"青年千人计划"入选161人，国家"千人计划"创新人才及外专项目入选78人，在职教师中有过六个月及六个月以上出国经历的总人数为1750人，占教师队伍50%。借力国家和教育部的重大战略引才平台，搭建"浙江大学海外工作驿站"驻外引才平台，通过"浙江大学高层次人才培育专项计划""求是特聘学者""百人计划""新星计划"等各类人才计划及专项支持措施，不断提升人才队伍国际化水平。积极增进与海外高水平大学的交流互动的同时，为培养学生的国际视野、增强国际交流能力打下坚实基础。为本科生已建设英文课程230门，其中，海外教师主导英文课程92门；为研究生建设20个试点学科全英文模块课程140门，海外教师主导的全英文共享课程60门。通过全英文课程建设创建了形式多样的国际化培养模式。

（2）依托学科的课程国际化全方位合作机制逐步形成。近年来，浙江大学根植创新创业的沃土，大胆探索与世界名校的深度合作，构建具有特色的办学系统，形成了面向未来的战略格局。随着国家明确将推进国际交流合作列为"双一流"建设的十项重点任务之一，深化新时期"教育对外开放"和教育界共建"一带一路"的倡议陆续出台，浙江大学全球化战略的重要意义与战略路径进一步凸显。浙江大学"海外一流学科伙伴计划"，旨在引导和支持学校优势学科、特色学科与世界一流学科合作形成一批对接世界先进水平的学科群。目前，传媒、管理、化工、航空航天、生工食品、信电、物理、基础医学等若干院系学科对接牛津、剑桥、斯坦福、哈佛、普林斯顿、麻省理工等32所世界名校的一流学科，初步形成全方位和稳定长效的合作机制。浙江大学推进与世界一流大学的深度战略合作，重点选择与该校学科战略布局相似、办学理念相近的世界顶尖大学，开展全方位、多层次的战略对话，建立稳固的课程国际化互动合作机制，同时充分发挥学院和学科的主体作用，推进海外一流学科伙伴提升计划，建设实质性的高端国际合作项目和平台，着力提升优势学科、特色学科的课程国际化水平。

（3）"以我为主，多元融合"的课程国际化模式初步建立。浙江大学国际校区坚持"以我为主、高水平、一对多"的发展模式，选择世界综合排名前20位或学科世界排名前5位的院校或专业成为合作伙伴，形成由浙江大学主导，覆盖多个学科的国际化办学环境。"以我为主"指的是国际校区的办学定位，即浙江大学的有机组成部分，并且要服务于浙江大学创建世界一流大学的战略，它的学科体系，也都是比照浙江大学的学科发展、国家的发展需求来设立的；"一对多"指的是浙大不限于与一所国外大学合作，海宁国际校区的学科是从浙江大学几个学部精心挑选出来的，主要是为了配合浙江大学世界一流学科建设；"高水平"指的是国际校区将聚集若干所世界综合排名前20的名校，或者单一学科世界排名前5的特色高校。在国际校区，师资队伍中外籍教师不少于1/3，留学生比例不低于30%。学生的学习理念是"住宿书院制+文理学院+专业学院"。书院制借鉴的是中国传统文化，文理学院借鉴美国的通识教育专业学院，这与浙大主校区有明显区别。过去五年多来，浙江大学积极探索国际深度合作模式创新，全面建设海宁国际校区和国际联合学院，进一步探索融合东西方高等教育，在推进与全球顶尖大学的战略合作中，开展基于创新生态系统的体系合作，不断拓展国际化办学网络，"以我为主，多元融合"的课程国际化模式初步建立。

2. 浙江省教学研究型、教学型大学课程国际化发展规律

以下即以中国科学评价研究中心（RCCSE）、武汉大学中国教育质量评价中心（ECCEQ）和中国科教评价网联合发布的排名第2～15位的浙江工业大学、浙江师范大学、杭州电子科技大学、宁波大学、杭州师范大学、浙江理工大学、温州医科大学、中国计量学院、浙江工商大学、浙江农林大学、温州大学、浙江海洋学院、浙江财经大学、浙江中医药大学14所高校以及排名

第 16 位之后的多所高校为分析对象，探究浙江省教学研究型、教学型大学的课程国际化发展现状，发现以下规律。

（1）近年来浙江省教学研究型本科高校逐步从将全球性问题、国际问题以及国际前沿问题纳入课程体系，到以课程国际化为基础的"双学位"、"双校园"合作教育的重要转变。所谓全球性问题主要指当代国际社会面临的关系到整个人类生存与发展的严峻问题。如战争、环境污染、资源紧缺、国际恐怖主义、温室效应等。随着经济全球化的深入发展，世界各国在经济、政治、社会、文化等方面相互渗透、相互依赖，国际性问题日渐突出。这些问题的解决有赖于科技的进步和高科技人才的出现。全球性的问题也已成为高校普遍关注的问题。在课程内容体系的设置上除了专业基础知识的设置外，同时要注重对前沿问题的关注和探究，培养学生的国际化视野和处理国际问题的能力。浙江诸多教学研究型高校已经开设了与本专业关系密切的国际教育课程或关注全球性问题和国际主题的课程。如国际贸易、国际关系、国家法律法规等课程。教师在授课过程中主动在已有的课程中加入一些国际方面的内容或介绍、引用当前领域最新的研究成果等，但近年来更大的转变在于以课程国际化为基础的"双学位"、"双校园"合作教育。如浙江科技学院在建校之初，就与德国高校建立合作关系，借鉴德国经验，伴随全球经济一体化进程，近年来学校进一步突显国际合作办学特色，从与德合作到国际合作，浙江科技学院正致力于打造一个更加国际化的学校，已与美国、德国、英国等国家和地区的 72 所高校建立了合作关系。2014 年，由浙江科技学院与德国吕贝克应用科技大学、西海岸应用科技大学合作举办的浙江省内首个本科层次非独立设置的中外合作办学机构中德工程师学院正式招生，与美国布里奇波特大学、法国塞尔齐-蓬多瓦兹大学合作举办的两个本科层次的中外合作办学项目进展顺利。通过中德合作，浙江科技学院进一步拓展了中外合作人才培养模式，建立境外校际交流合作院校 72 所，实施合作项目百余项，引进 50 多门德国工程教育课程，学校 80% 以上的工科专业都与国外高校开展了"双学位""双校园"合作教育。

（2）采用国际通用教材，大力开展双语教学，全外语和双语课程占当年开课总门数比例不断提升。采用国际通用教材、双语教学既是高等教育改革的大势所趋，也是衡量我国高等教育课程国际化的两个非常重要的衡量指标。据不完全统计，清华大学开设的 1440 门课程中，有 500 门左右的核心课程选用了国外著名高校的优秀教材。北京大学有 30 门课程、中山大学有 8 门课程采用国外原版教材，复旦大学引进了哈佛大学的 7600 多种教材。根据浙江大学高等教育研究所对各学校学生国际化、师资队伍和管理队伍国际化、课程与教学国际化、国际合作等情况的分析，在浙江省硕博授权高校中，除宁波诺丁汉大学全外语和双语课程占当年开课总门数为 100% 之外，包括浙江大学在内的 6 所高校全外语和双语课程占当年开课总门数的 10% 以上。在浙江省非硕博授权高校中，温州肯恩大学、浙江外国语学院、浙江越秀外国语学院全外语和双语课程占当年开课总门数均超过 30%，其余本科高校全外语和双语课程占当年开课总门数的 10% 以下。

（3）逐步进行国际化课程的集中开发与实施，国际合作形式呈现日益多样化特征。国际化课程的开发与实施是一个过程，需要有计划地进行开发和实施。目前浙江部分教学研究型、教学型大学大都在逐步对国际化课程进行集中开发和实施。如浙江外国语学院、浙江大学宁波理工学院等高校采用直接引进国外先进的原版教材，或使用中译本，推动了高等教育课程国际化的进程。国际教育合作已经成为一种流行趋势，其合作方式也越来越多样化。如互认文凭、互换学分、跨国选修课程、合作办学、联合培养，与国外高校建立校际合作关系，互派学者访问、交换留学生等多种多样的合作形式，促使我国高等教育的课程国际化不断发展。再如 2016 年，浙江工业大学与日本冈山大学签订了校际的国际合作协议，相信未来会继续推进国际合作研究和国际化教育等方面的工作。2016 年暑期，浙江工业大学机械学院及材料学院共 18 名学生（其中本科生 7 名，硕士 10 名，博士 1 名）赴日本参加了与日本冈山大学合作的暑期国际化课程项目。浙江工业大学计算机科学与技术学院邀请了美国卡内基梅隆大学人机交互研究所所长 Anind Dey 教授、香港科技大学计算机科学与技术系麻晓娟教授进行授课。2017 年 3 月，为推进学校本科教育国际化进程，深化人才培养模式改革，提升学生的国际视野和跨文化交流能力，引进国外先进教学理念和教学方法，浙江工业大学制定《浙江工业大学暑期国际化课程项目管理办法（试行）》，进一步拓展了暑期国际化课程并予以规范化管理。再比如，为大力推进特色国际化建设，2017 年浙江工商大学组织近六十个长短期出国（境）交流项目，选派优秀学生赴美国、英国、法国、德国、比利时、新西兰、韩国、土耳其等国家和地区参加一学期或暑期的交流学习项目。浙江工商大学 11 个学院，在学校"科研实践奖学金"的资助下，选派各自学院学生参加短期交流项目。

（二）浙江高校课程国际化发展面临的主要问题

为贯彻落实《浙江省人民政府关于推动我省高等教育新一轮提升发展的若干意见》，浙江省按照《浙江省高等教育国际化发展规划（2010～2020年)》的要求，通过实施"浙江省国际化特色高校建设工程"，激发高校的内生动力和发展活力，通过建设支持浙江省若干高校（浙江大学、浙江工业大学、浙江师范大学、宁波大学、浙江海洋大学、中国美术学院、浙江工商大学、浙江科技学院、温州大学、温州医科大学）率先成为国际化办学的领跑者和世界高等教育改革的参与者，不断提升教育质量和办学水平（见表3-2）。

表3-2 浙江省国际化特色本科高校建设名单

序号	学校名称	所在城市	入选时间
1	浙江大学	杭州、舟山等	2016 年
2	中国美术学院	杭州	2016 年
3	浙江工业大学	杭州	2016 年
4	浙江师范大学	金华	2016 年
5	宁波大学	宁波	2016 年
6	浙江工商大学	杭州	2016 年
7	浙江海洋大学	舟山新区	2016 年
8	温州医科大学	温州	2016 年
9	浙江科技学院	杭州、安吉	2016 年
10	温州大学	温州	2016 年

资料来源：浙江省教育厅官方网站。

浙江省教育厅对入围的浙江省国际化特色高校建设单位给予了资金、政策、资源支持，重点在经费统筹、招生计划编制、教师学生公派出国选派、留学生奖学金分配和对外交流项目安排等方面给予了倾斜。同时，对国际化特色高校的整个建设过程加强动态监测，对中期检查中实施有力、进展良好、成效显著、特色鲜明的高校，适当加大了支持力度。不过，与发达国家和地区高校以及我国高水平研究型大学相比，浙江本科高校在课程国际化发展中仍存在很多亟待解决的瓶颈。由于除了浙江大学之外，浙江省其他本科高校均属于教学研究型或教学型高校，因此本部分将深入研究浙江教学研究型和教学型高校本科高校课程国际化发展面临的主要问题。

针对教学研究型高校而言，尽管目前浙江大部分本科高校，包括宁波大学、浙江工商大学、浙江财经大学、浙江师范大学等，在加强外语学习特别是英语学习力度、积极加强双语（全英）课程建设、大力加强教材特别是原版教材的引进、大力引进国际化通识教育课程、中外联合创办国际化专业教育课程、重视学生的海外学习课程、强化原有课程中的世界性和国际性问题的注入等方面取得了一定成果，但仍面临着诸如人才培养目标的国际化定位缺乏指向性，课程国际化经费投入仍欠充足；课程国际化思想观念存在误区，课程输入和输出仍不平衡；外语课程设置仍显单一，听说教学仍有待引起足够重视；课程国际化缺乏有力的制度和法律保障，大学教学质量缺乏共通性等问题。

1. 人才培养目标的国际化定位缺乏指向性，课程国际化经费投入仍欠充足

人才培养目标是人才培养主体（教育者）所确定的对培养对象实施教育所要达到的预期状态和标准，即要把培养对象培养成什么样的人。科学合理的人才培养目标是教育活动的导向，人才培养目标的国际定位是课程国际化实施的关键。从浙江省教学研究型大学来看，无论是宁波大学、中国美术学院、浙江师范大学还是温州大学，其课程国际化最初和最重要的动因都是为了建设国内双一流学科，或者尽快步入国内一流大学行列，而人才培养目标的国际化定位却缺乏指向性。也就是说，这些大学课程国际化主要是以学校的发展为出发点的，而不是以人才培养为出发点的。由于人才培养目标对课程具有导向作用，因此这很不利于浙江省高水平教学研究型大学课程国际化建设。

此外，课程国际化经费投入仍欠充足，这是制约浙江省高水平教学研究型大学教育国际化的一个重要因素。由于经费不足，许多课程国际化措施和对外教育交流与合作项目往往被搁浅。由于工资待遇差异，许多国际化人才难以到浙江高校从事教育教学工作。

2. 课程国际化思想观念存在误区，课程输入和输出仍不平衡

浙江高水平教学研究型大学展开课程国际化的进程中，在教育观念方面

存在着严重误区，即习惯于把课程国际化看成是单向的，即把内向型课程国际化看作是课程国际化的全部，而忽略或否定了外向型课程国际化的存在，致使在课程国际化过程中适应、接受有余，而输出与传播不足。实际上，高水平教学研究型大学课程国际化的一个重要特征便是交流的对等性，双方在进行课程研究和课程交换时要做到输入和输出的均衡性，这也是国际化的重要特征之一。这点一些发达国家做得就比较到位，或者是像浙江大学等高水平研究型大学，它们在向其余国家和地区学习和吸收的同时，也将自己的课程和内容进行输出，在学习和了解他国文化和文明的同时也将本国优秀的传统文化和内容向外推广，从而吸引了广大学生前来学习，这样不仅完善了自己的课程体系，也推进了国际化的进程。相比较而言，浙江教学研究型大学的表现就不尽如人意，很多学校仅仅倾向于学习国外先进科学技术，甚至生搬硬套国外原版教材，却忽略了自身的特色和文化，接受和吸纳过多，合作和交流相对较少，课程的输出和输入自然处于不平衡状态。从表3-3浙江省硕博授权高校外国留学生占在校生总数百分比及表3-4浙江省其他本科院校外国留学生占在校生总数百分比可以看出，留学生占在校生总数百分比超过10%的只有宁波诺丁汉大学、浙江师范大学、浙江大学、宁波大学、浙江科技学院5所本科高校，可见浙江本科高校国际化课程对留学生的吸引力有待提升。出现上述状况，一定程度上可以归因于中国或者浙江地域创新性不足。纵观发达国家高校的课程体系和课程内容我们不难发现，其中诸多课程都是立足于社会现实及理性思辨，而浙江教学研究型高校由于传统文化的原因，课程内容更多地偏向于讲述、回顾、欣赏，尤其是对于古代文化、圣贤们的思想等，虽然心怀敬意是应该的，可如果只是过多地敬畏，而不去进行合理扬弃，不将其与现实生活融合起来，那么长期以来学生就难以形成批判继承的思维方式，久而久之，本土课程容易陷入枯燥、乏味、陈腐的境地。一旦课程国际化思想观念走进误区，课程输入和输出就很难保持平衡了。由此，也可以看出，虽然浙江省多所高校建立了孔子学院（见表3-5），但比起数量，课程质量是更为重要的因素。为了提高浙江省高校课程的国际化输出，应当加强对国际化课程的建设和完善。

表3-3　浙江省硕博授权高校外国留学生占在校生总数百分比前10位

位次	学校名称	留学生占在校生总数百分比
1	宁波诺丁汉大学	22.01%

续表

位次	学校名称	留学生占在校生总数百分比
2	浙江师范大学	12.91%
3	浙江大学	12.77%
4	宁波大学	11.44%
5	浙江科技学院	10.36%
6	浙江工商大学	8.61%
7	杭州师范大学	8.38%
8	中国美术学院	8.34%
9	浙江工业大学	7.79%
10	温州医科大学	7.38%

资料来源：《2016 年浙江省高等教育国际化年度报告》，浙江大学高等教育研究所。

表 3-4　浙江省其他本科院校外国留学生占在校生总数百分比前 10 位

位次	学校名称	留学生占在校生总数百分比
1	湖州师范学院	7.13%
2	浙江越秀外国语学院	3.62%
3	浙江外国语学院	1.96%
4	宁波工程学院	1.55%
5	浙江万里学院	1.44%
6	温州肯恩大学	1.39%
7	浙江警察学院	1.27%
8	嘉兴学院	0.77%
9	浙江传媒学院	0.48%
10	丽水学院	0.33%

资料来源：《2016 年浙江省高等教育国际化年度报告》，浙江大学高等教育研究所。

表 3-5　浙江省硕博授权高校共建孔子学院数前 10 位

位次	学校名称	共建孔子学院数
1	浙江师范大学	5
2	浙江大学	3
3	浙江工业大学	2

位次	学校名称	共建孔子学院数
3	宁波大学	2
3	浙江理工大学	2
3	温州医科大学	2
3	浙江科技学院	2
8	浙江工商大学	1
8	浙江中医药大学	1
8	浙江农林大学	1
8	杭州师范大学	1
8	温州大学	1

资料来源：《2016 年浙江省高等教育国际化年度报告》，浙江大学高等教育研究所。

3. 外语课程设置仍显单一，听说教学仍有待引起足够重视

作为全球通用语言，虽然英语在国际化过程中发挥着至关重要的作用，但是许多非英语国家的高等教育也十分发达，要深入了解这些国家的高等教育理念和课程现状，就必须首先掌握其语言，如果不了解其语言，就无法深入了解其国家文化，更无从获悉其知识内容和文化精华。一些浙江教学研究型大学在外语课程的开发和建设中却对此不够重视。根据浙江大学高等教育研究所对各学校学生国际化、师资队伍和管理队伍国际化、课程与教学国际化、国际合作等情况的分析（见表 3-6），在浙江省硕博授权高校中，除宁波诺丁汉大学全外语和双语课程占当年开课总门数为 100% 之外，包括浙江工业大学、浙江理工大学等在内的 8 所排名前十的高校全外语和双语课程仅占当年开课总门数的 15% 以下。

表 3-6 浙江省硕博授权高校全外语和双语课
程占当年开课总门数（百分比前 10 位）

位次	学校名称	全外语和双语课程占当年开课总门数百分比
1	宁波诺丁汉大学	100.00%
2	浙江大学	15.69%
3	浙江工业大学	14.71%

续表

位次	学校名称	全外语和双语课程占当年开课总门数百分比
4	温州医科大学	14.06%
5	浙江理工大学	11.89%
6	浙江财经大学	11.56%
7	浙江科技学院	10.28%
8	中国计量大学	9.19%
9	杭州电子科技大学	8.78%
10	绍兴文理学院	6.76%

资料来源：《2016 年浙江省高等教育国际化年度报告》，浙江大学高等教育研究所。

除此之外，浙江教学研究型大学过多注重英语的读写教学，而听说教学仍为一个薄弱环节。很多学校在开设英语课程过程中，读写教学的课程时数远远超过了听说教学的课程时数，而且将听说教学纳入读写教学中进行学分计算或者干脆不计算学分，导致老师缺乏压力和动力，学生在学习过程中随心所欲，缺乏相应的评价和监督机制，不利于英语听说教学的深入开展。

第四章 高校课程国际化：反思与前瞻

在把握我国高校课程国际化的现状与发展动态的基础上，本章我们进一步分析我国重点院校课程国际化的主要优势，剖析现阶段我国高校课程国际化的瓶颈及成因，并对我国高校课程国际化的发展趋势进行前瞻性展望。

第一节 中国重点院校课程国际化的主要优势

一、较高的国际化的目标定位

在经济全球化的国际局势下，国际化是高等教育的必然选择，这既符合国家发展的整体需要，也符合高校自身发展的需求。作为高校国际化发展的核心内容，高校课程国际化越来越受到各高校的重视。尤其是国家"双一流"高校建设计划的提出，更是极大程度地促进了高校课程国际化建设的进程。对于不同层次的高校而言，其课程国际化的目标定位也不同。与普通高等院校相比，重点院校具有较高的国际知名度，在人才培养与科学研究方面承担着更重的责任，其课程国际化的目标定位也较高。如图 4-1 所示，列出了北京大学、中国人民大学、天津大学、吉林大学、山东大学等全国部分知名学府的国际化发展目标定位。这些大学具有国内一流的教育水平，且在国际上也有一定的知名度，对高等教育的发展现状与未来趋势有着较准确的把握，它们的国际化目标定位对于普通院校具有极高的参考价值。当然，明确提出国际化发展定位的高校远不止这些高校，如清华大学、北京航空航天大学、复旦大学、天津大学、浙江大学等均提出了其具体的国际化发展目标，有兴趣的读者可以从各高校的官网上进行查阅。

总而言之，高校国际化的目标定位应当是以人才培养为中心的，各高校之间由于自身实力或其他客观因素的限制，对国际化的目标预期可能存在差异，但是扩大开放力度、加强对外交流、引进国际优秀教育资源、培养国际通用高素质创新型人才的总目标是不变的。

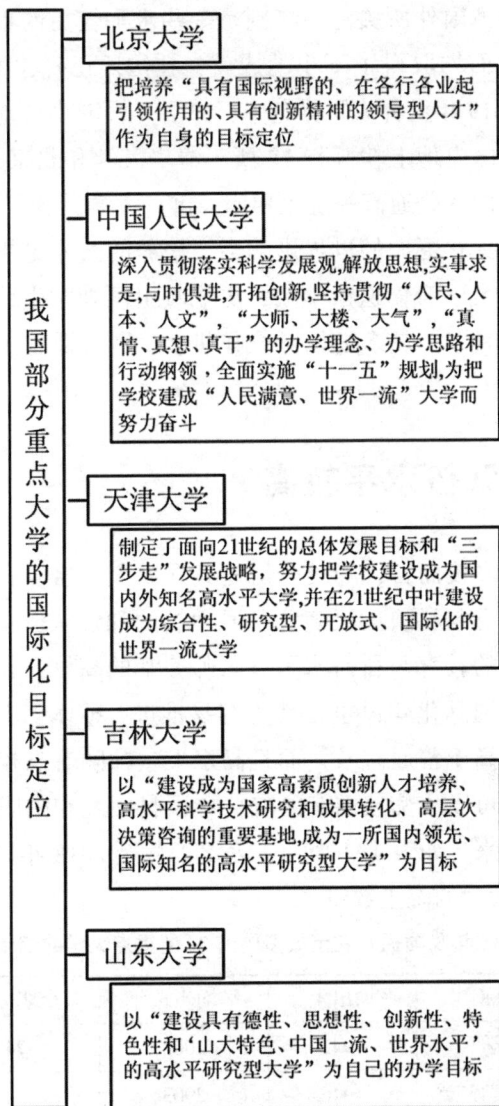

图4-1 我国部分重点大学的国际化目标定位

二、较多的国际合作机会

新中国成立以来，我国在高等教育方面投入了大量的人力、物力和财力，成长起了一大批水平较高的研究型大学，在国际高等教育领域占据了一席之地。尤其是改革开放以来，随着我国经济的飞速增长，国际影响力日益提升，我国的高校越来越被国外所关注。特别是一些水平较高的重点大学，在人才培养和科学研究方面均取得了不小的成就，在国际已经享有一定的知名度。在《泰晤士报》2019 年世界大学排名中，中国（含港澳台地区）共有 111 所高校上榜，其中中国内地上榜高校 72 所，清华大学和北京大学分居第 22 名和第 31 名①。与国内的普通高等院校相比，重点大学具有更高的国际知名度，其取得的课程成果具有更大的世界影响力，培养的人才更能被国外高校所认可，更能向国外知名学府输送留学生，更能吸引国外学生前来留学，所以这些高校自然而然地具有了较多的国际合作机会，而其课程国际化建设水平也更能与国际接轨。

三、师资队伍水平较高

对于任何一所高校而言，师资队伍是其开展人才培养和科学研究活动的主导者，是学校教育与科研的灵魂。一所学校的师资队伍水平，在一定程度上代表着这所高校的教育与科研水平。名师荟萃的高校，其国际声誉自然会更高一些，其课程国际化建设也自然更容易推进。整体上看，我国重点大学的师资队伍水平远高于普通院校，而且高水平教师随着高校实力的增强呈指数形分布，这一点可以从院校拥有两院（中国科学院和中国工程院）院士的数量上明显地看出来。如表 4-1 所示，列出了截至 2018 年，我国拥有院士最多的前 20 所重点大学的院士数量。

表 4-1　2018 年我国拥有院士最多的前 20 所重点大学的院士数量汇总

名次	学校名称	平均出生年	平均当选年	全职人数	非资深人数
1	清华大学	1945	2002	74	43
2	北京大学	1946	2003	54	31
3	复旦大学	1944	2003	30	18
4	南京大学	1944	2001	29	12
5	上海交通大学	1943	2003	27	13
6	浙江大学	1945	2005	26	17

---

① https://www.sohu.com/a/256694808_611538

续表

名次	学校名称	平均出生年	平均当选年	全职人数	非资深人数
7	中国科学技术大学	1950	2005	20	20
8	哈尔滨工业大学	1942	2002	17	8
9	武汉大学	1947	2004	15	10
10	华中科技大学	1943	2005	14	9
11	北京航空航天大学	1944	2004	14	9
12	西安交通大学	1946	2006	13	8
13	同济大学	1944	2001	13	7
14	北京理工大学	1948	2005	12	7
15	中南大学	1943	2003	12	7
16	天津大学	1936	2000	12	4
17	四川大学	1951	2007	11	9
18	厦门大学	1945	2001	11	7
19	中国农业大学	1943	2003	11	5
20	国防科技大学	1952	2007	10	8

重点大学不仅在师资队伍质量上占据绝对优势，而且其培养出了比普通大学更多的人才，这些人在国内甚至国际社会上具有较高的社会地位，不仅为母校增光添彩，而且会终身关心母校的发展，为母校贡献力量。如表 4-2 所示，给出了 2018 年中国大学院士校友排行榜前 20 强榜单。

表 4-2　2018 年中国大学院士校友排行榜前 20 强榜单

名次	学校名称	两院院士校友人数	2018 年排名情况		
			全国排名	星级排名	办学层次
1	北京大学	170	1	8 星级	世界一级大学
2	清华大学	155	2	8 星级	世界一级大学
3	复旦大学	95	4	7 星级	世界知名高水平、中国顶尖大学

续表

名次	学校名称	两院院士校友人数	2018 年排名情况		
			全国排名	星级排名	办学层次
4	南京大学	75	8	7 星级	世界知名高水平、中国顶尖大学
5	浙江大学	62	3	7 星级	世界知名高水平、中国顶尖大学
6	中国科学技术大学	60	16	7 星级	世界知名高水平、中国顶尖大学
7	哈尔滨工业大学	57	18	7 星级	世界知名高水平、中国顶尖大学
8	上海交通大学	52	6	7 星级	世界知名高水平、中国顶尖大学
9	吉林大学	48	10	7 星级	世界知名高水平、中国顶尖大学
10	武汉大学	35	7	7 星级	世界知名高水平、中国顶尖大学
11	华中科技大学	33	11	7 星级	世界知名高水平、中国顶尖大学
11	东南大学	33	22	6 星级	世界水平、中国顶尖大学
13	中国地质大学（武汉）	32	60	5 星级	世界知名、中国一流大学
13	山东大学	32	20	6 星级	世界水平、中国顶尖大学
15	北京航空航天大学	30	24	6 星级	世界高水平、中国顶尖大学
15	同济大学	30	23	6 星级	世界高水平、中国顶尖大学
17	西安交通大学	29	14	7 星级	世界知名高水平、中国顶尖大学
18	中国农业大学	26	33	6 星级	世界高水平、中国顶尖大学
19	中南大学	24	17	6 星级	世界高水平、中国顶尖大学
20	北京科技大学	23	47	4 星级	世界知名、中国高水平大学

不仅如此，重点大学在吸引外籍知名学者来校任职方面也远强于普通院校，这使得重点大学在国际化人才培养方面比普通高校具有更大的优势。例如，据北京大学官方网站显示，截至 2019 年，其拥有发展中国家科学院院士 31 人；据清华大学官方网站显示，截至 2019 年，其拥有国家海外高层次人才引进计划入选者 127 人。这些人才对于重点大学课程国际化建设具有十分重大的作用。

四、自由的学术氛围

在全球化的时代背景下，必须把一国高等教育放到世界体系中加以考察，每个国家的高等教育都是世界高等教育的一分子。高校课程国际化把人类作为一个整体来关注和分析，关注人类共同的命运和利益，把各国高等教育都纳入到世界高等教育之中，把高等学校的课程设置置于全球化的背景下进行考虑和设计，是全新的高等教育课程理念和高等教育课程系统设计思想，因此在课程设置和课程内容上都必须具有相应的国际标准、规范和制度。但另一方面，每个国家都有自身的文化和发展背景，课程设置和课程内容也必然有其特色，在课程国际化过程中就必须考虑到这种情况，尊重各国的文化和思想，尊重各个国家各高校的特殊文化形态，尊重文化的多元化。在这种情况下，学术自由就显得十分重要，而研究型大学正好具有这种特点，各研究型大学不仅设置了多种学科，而且都具有自由、宽松的制度环境和百花齐放、百家争鸣的人文精神品格，能够对各国、各民族的文化具有强大的兼容性，这些都为课程国际化提供了良好的条件。

第二节　现阶段中国高校课程国际化的瓶颈及成因

对于中国大部分高校而言，由于受到尚未有这类课程开设要求、受限于现有的课程结构、教师对这类课程的国际化意愿不高、学生对这类课程不感兴趣或外语能力不足、经费或课时所限等诸多方面的制约，其中绝大多数刚刚完成从课程国际化初始阶段到课程国际化形成阶段的跨越，因而又会面临课程国际化理念的贯彻有待加强、课程国际化目标有待进一步明确、课程国际化的师资队伍建设迫在眉睫等关键问题。

一、课程国际化理念的贯彻有待加强

国际应用型人才应该是指能适应国际人才市场需要的，能将专业知识和技能应用于所从事的专业社会实践的一种专门的人才类型，是熟练掌握社会生产或社会活动一线的基础知识和基本技能，主要从事一线生产的技术或专业人才。这既是人才培养目标，同时也是我们课程设置的理念。我们应该认识到当今世界，各国高等教育已不能再局限于本国传统格局之中，应该主动参与到世界高等教育体系中去，必须将本国的高校课程置于全球的时代背景下进行整体设计，既要保持本国的特色与优势，又要吸收其他国家高校课程中的精华。在具体实践中，应该根据我们自己的实际情况设计出符合国际化要求的课程体系，使高校本国课程与其他国家应用型高等教育体系中的课程实现真正的交叉融合，求同存异、互相促进、共同发展。

根据实际走访调研，我国大部分高校均认为课程理念的国际化设置是非常重要的。而其核心是培养适应国际市场需要的国际应用型人才，并合理实现中外课程的交叉融合。这一调研结果体现了国内高校对高等教育课程国际化理念的实用化倾向，也说明目前大多数本科高校对课程国际化的认识已有很大提高。但课程国际化不能仅仅停留在抽象的口号和理念上，应当在教学实际中加以贯彻执行。尤其是在课程设计、安排、实施等诸多方面，要将理念具体化，真正指导我国高校课程国际化的开展。

二、课程国际化目标仍有待进一步明确

课程目标是高等教育人才培养目标在课程设置中的反映，本科院校传统的课程目标往往致力于培养学生了解并掌握某门具体的学科知识、操作能力，目标设定较为单一、狭隘和片面，而国际化的课程在目标定位方面则立足于培养学生的国际视野、全球意识和参与国际事务的能力，强调知识的同时更加注重参与能力，尤其是强调适应全球化发展需要的能力，这是对传统课程目标的深化与发展。最早推行课程国际化的国家无不首先设定了国际化的课程目标，如美国提出培养"有全球意识的人""有国际眼光的人"等教育目标均对其课程目标产生了重要的影响，使课程目标融入了浓重的国际化的色彩。

目前我国大多数本科院校，无论是从课程目标、课程内容、课程设计方面，还是从课程管理、课程评价方面，都没有真正确立相应的国际化战略。如果各高校在很长时间内难以明确课程国际化战略的基本依据，要真正实现课程国际化就变得相当困难。根据课程国际化课题组 2015—2016 年对浙江外国语学院、浙江大学宁波理工学院、浙江树人大学、浙江越秀外国语学院等

11 所浙江教学型高校的跟踪调研，除了能在培养学生的国际视野和全球意识、培养学生了解并掌握某门具体的学科知识和操作能力等两项内容达成一致之外，选择强调知识的同时更加注重参与国际事务的能力、强调适应全球化发展需要的能力、与国际对照以培养学生的实践能力等课程国际化目标选项的高校仍占一定比例。可见，我国本科高校课程国际化目标仍有待进一步明确。

三、课程国际化的师资队伍建设迫在眉睫

高水平的国际化师资队伍是实现高等教育课程国际化的关键。然而就我国新办本科院校而言，目前师资队伍的国际化现状不容乐观。根据课程国际化课题组 2015—2016 年对浙江外国语学院、浙江大学宁波理工学院、浙江树人大学、浙江越秀外国语学院等 11 所浙江教学型高校的跟踪调研，在世界经济合作与发展组织（OECD）归纳的九种类型的国际化课程中，其中有通过国际比较和借鉴使得传统课程内容得以延伸的课程、培养学生获取国际专业资格的课程、专门针对海外学生或国际留学生设计的课程三类课程至今仍然停留在尚未起步或初步规划，其最大的落差原因在于师资不足，特别是不仅具备良好的外语教学能力和较高的专业知识水平，而且能够接轨世界和洞察前沿的国际化师资尤其欠缺。由于受到资金和政策等各种因素的综合制约，教师出国研修的机会相对不多（见表 4-3），参与国际科研合作的机会偏少，而聘请国外专家教授的比例更低（见表 4-4），这些都会严重影响到教师参与课程国际化建设。

表 4-3　浙江省其他本科院校出国访学三个月以上
教师占专任教师总数（百分比前 10 位）

位次	学校名称	出国访学三个月以上教师占专任教师总数百分比
1	浙江外国语学院	36.15%
2	嘉兴学院	23.67%
3	浙江越秀外国语学院	23.34%
4	宁波工程学院	20.62%
5	湖州师范学院	20.11%

位次	学校名称	出国访学三个月以上教师占专任教师总数百分比
6	浙江警察学院	17.99%
7	浙江传媒学院	12.95%
8	浙江水利水电学院	10.00%
9	浙江万里学院	6.30%
10	浙江树人学院	5.79%

资料来源：《2016年浙江省高等教育国际化年度报告》，浙江大学高等教育研究所。

表4-4　浙江省其他本科院校聘用外国文教
专家占专任教师总数（百分比前10位）

位次	学校名称	聘用外国文教专家占专任教师总数百分比
1	温州肯恩大学	100.00%
2	浙江越秀外国语学院	17.64%
3	浙江外国语学院	6.34%
4	湖州师范学院	3.77%
5	浙江传媒学院	2.67%
6	宁波工程学院	1.68%
7	温州商学院	1.50%
8	嘉兴学院	1.43%
9	丽水学院	1.33%
10	浙江树人学院	0.99%

资料来源：《2016年浙江省高等教育国际化年度报告》，浙江大学高等教育研究所。

正因为国际化师资缺乏等因素制约，根据浙江大学高等教育研究所对各学校学生国际化、师资队伍和管理队伍国际化、课程与教学国际化、国际合作等情况的分析，在浙江省非硕博授权高校中，温州肯恩大学、浙江外国语学院、浙江越秀外国语学院全外语和双语课程占当年开课总门数均超过30%，其余排名前十位的本科高校全外语和双语课程占当年开课总门数百分比在10%以下，见表4-5。

表 4-5　浙江省非硕博授权高校全外语和双语课程占当年开
课总门数（百分比前 10 位）

位次	学校名称	全外语和双语课程占当年开课总门数百分比
1	温州肯恩大学	100.00%
2	浙江外国语学院	42.47%
3	浙江越秀外国语学院	31.30%
4	嘉兴学院	9.24%
5	湖州师范学院	7.64%
6	宁波工程学院	7.56%
7	台州学院	5.66%
8	浙江万里学院	4.78%
9	衢州学院	3.31%
10	浙江传媒学院	3.10%

资料来源：《2016 年浙江省高等教育国际化年度报告》，浙江大学高等教育研究所。

四、课程内容的国际化程度亟待加深

（一）高等教育课程内容国际化的内涵及其体现

课程内容是构成课程的基本要素，反映了与课程相联系的价值观念、结构观念和设计观念。在国外课程理论中，关于课程内容的概念及内涵主要有两种观点：其一是课程内容即课程所包含或讲授的事实、观点和重点问题，其中包含着课程技术化倾向；其二是认为课程内容不仅仅表现为学校或其他教育机构向学生传授的知识，而且反映社会权利控制法则，其中蕴藏着课程社会学倾向。这两种观点都把课程内容局限在间接经验或理论知识上，具有一定的片面性。实际上，我们可以把课程内容看作一系列直接或间接两种形式的经验的总和，这种经验体系和知识体系根据课程目标而有目的地做出选择，并依据特定的逻辑加以组织和编排。针对一所教学型高校而言，如何理解课程内容的国际化？根据课程国际化课题组 2015—2016 年对浙江外国语学院、浙江大学宁波理工学院、浙江树人大学、浙江越秀外国语学院等 11 所浙江教学型高校的跟踪调研，75% 以上的高校除了认为国际化课程的内容应该涵盖本专业的国际发展形势、其他国家经验在本土的应用之外，还认为课程内容应该使学生具备获取国际性专业资格证书的能力或使学生获得国内外联合或双学位，一定程度上体现了国内高校对高等教育课程内容国际化的实用化倾向。

尽管人们对课程国际化还有着这样或那样不同的认识，但人们无疑普遍认同课程内容的国际化，并认为它是培养学生在多元化环境中拥有立足之地的重要环节，也是课程国际化最基本和最核心的方面。根据跟踪调研，课题组要求每所院校按照课程国际化重要程度为课程理念的国际化、课程目标的国际化、课程内容的国际化、课程组织与实施的国际化、课程评价的国际化、课程管理的国际化六项指标进行排序，排第一的为 6 分，排第二的为 5 分，以此类推。结果发现，课程内容的国际化平均得分为 4.5 分，仅次于课程目标国际化的 4.75 分，可见国内高校对课程内容国际化的重视。在世界经济合作与发展组织（OECD）归纳出的九种类型的国际化课程中，无论是哪一类国际化课程，必然涉及的一个重要问题即为课程内容的国际化。目前发达国家高校一般通过三种途径达到课程内容的国际化要求。

（1）开设世界历史、国际关系、异域文化等国际教育课程，当然亦可涉及国际贸易、国际法律等相关领域。

（2）通过向已有课程中增加国际背景介绍、国际案例援引等国际化内容，强化高等教育课程内容的国际化导向。

（3）以战争与和平、社会不平等与法治等国际问题为主线实施课程内容的国际化，重点增强学生的国际意识和全球观念。

课程内容的国际化在高校国际化人才培养中占据着举足轻重的地位。总体来说，国际化课程内容具有以下四个显著特征。

（1）课程内容"宽基础"。未来社会变化节奏越来越快，这就要求高校对课程内容和结构给予足够的灵活处理。

（2）科学与人文两项教育内容同等重要。爱因斯坦曾经说过："只教给人一种专门的知识和技术是不够的，最重要的是借助教育得到对于事物和人生价值的理解。"高校应大力推进科学教育与人文教育在课程内容中的平衡。

（3）课程内容向世界问题开放，以便增加国际视野和增强世界意识。环境、人口、贫穷、战争等诸多世界问题，具有普遍性、整体性、复杂性、深刻性和严重性等，已不是任何一个国家所能独立解决的。

（4）直接利用海外优秀课程资源支撑课程内容国际化，建立立体化课程资源库，并不断吸收和补充能够真实反映本学科前沿的最新研究成果。

（二）本科院校课程内容的国际化程度亟待加深

随着我国高等教育国际化逐渐被教育界重视，高校课程体系涌现了大量的国际化现象。具体如下。

（1）开设与本专业关系密切的国际教育课程或关注国际主题的新课程，如法学专业开设国际关系课程、经济学专业开设国际贸易课程等。

（2）授课教师或课程编者主动在课程的教学中注入国际化内容。如在已有的课程中增加一些国际方面的内容，或在某课程的一些章节引用国外教材的相关内容等，或引用当前最新的研究成果。

（3）使用国际通用教材和进行双语教学。如南京大学组织各院系对2000多门专业课程与美、德、英等20多个国家和地区100多所高校的4000余门相关课程做了系统比较，并在此基础上新增或更新课程1000多门，建设双语教学课程300余门。

（4）有计划地集中开发和落实国际化课程。如清华大学，为了使其在全国居领先地位的计算机学科加快课程国际化进程，直接引进国外一大批先进的计算机学科的原版教材或使用国外教材的中译本，从而使清华大学在计算机学科的课程设置、课程评估、教材体系和教学手段各方面在国内处于领先地位。

（5）学生跨国选修课程，各国高校间互相承认文凭和学分。这种选修课程的学习又可通过两种方式来实现，其一是远程教育，其二是互派教授实地讲授。据教育部国际合作司网站数据显示，至2008年底，与我国签订相互承认学历学位协议的国家和地区增至32个。近年来，一些地方性高校甚至独立学院也相继加入"学分互认、学历互认"的热潮，这非常有助于学生跨国选修课程。

（6）与国外高校间建立校际联系与合作，实行"交换生"制度，互派学生到对方高校学习一段时间。如湖北经济学院、浙江越秀外国语学院等普通本科院校，每年均有批量学生通过这一方式获取接受国际化课程和感受国外高校氛围的机会。

课程内容是构成课程的基本要素，反映了不同的课程价值观、课程结构观和课程设计观。课程内容的国际化深度直接关系到课程的国际化程度。目前，我国高校虽然已经开始重视课程设置与课程内容的国际化，并采取相关措施促进课程内容的国际化进程，但是目前我国高等教育课程国际化还存在不足的方面。

（1）缺少法律和制度保证，以致课程内容国际化的规范性难以保证。

（2）具有国际化内容的课程的开设还处于分散状态，不同高校以及不同地区之间发展极不均衡。

（3）以全球视角编写的教材和开设的课程还不多，这对提高课程内容国际化的内涵和质量形成了较大的制约。

以浙江教学型本科高校为例，课程内容仍然难以反映专业领域的国际前沿和最新动态，从而形成其最显著缺陷。根据课程国际化课题组 2015～2016 年对浙江外国语学院、浙江大学宁波理工学院、浙江树人大学、浙江越秀外国语学院等 11 所浙江教学型高校的跟踪调研，结果显示：与国外某个或某些区域相关的研究课程已经稳定成熟，体现国际学科特征的课程、海外教师讲授的课程基本处于执行发展阶段；致力于培养学生国际职业素质的课程、培养跨文化交流与交际能力的课程正在进行从执行发展向稳定成熟的阶段性跨越，专门针对海外学生或国际留学生设计的课程亦基本处于从初步规划向执行发展的跨越阶段；而通过国际比较和借鉴使得传统课程内容得以延伸的课程、培养学生获取国际专业资格的课程尚未起步或刚刚起步，见表 4-6、表 4-7。这些情况表明，浙江教学型高校课程内容国际化的发展水平仍有待进一步提升。

表 4-6　浙江省其他本科院校获国（境）外资助科研项目数前 8 位

位次	学校名称	获国（境）外资助科研项目数
1	浙江越秀外国语学院	4
2	浙江传媒学院	3
3	嘉兴学院	2
3	湖州师范学院	2
5	浙江外国语学院	1

位次	学校名称	获国（境）外资助科研项目数
5	台州学院	1
5	宁波工程学院	1
5	浙江万里学院	1

资料来源：《2016 年浙江省高等教育国际化年度报告》，浙江大学高等教育研究所。
（注：该类其余学校没有获国（境）外资助的科研项目）

表 4-7　浙江省其他本科院校建立国际合作科研平台数前 7 位

位次	学校名称	建立国际合作科研平台数
1	浙江传媒学院	8
2	浙江越秀外国语学院	5
3	浙江树人学院	4
4	浙江万里学院	3
5	嘉兴学院	2
5	湖州师范学院	2
7	浙江外国语学院	1

资料来源：《2016 年浙江省高等教育国际化年度报告》，浙江大学高等教育研究所。
（注：该类其余学校没有建立国际合作科研平台）

五、课程国际化管理亟待进一步规范

目前多数本科院校课程国际化管理不规范，这主要体现在部分管理人员缺乏国际化的管理理念、管理方法和素质，相当一部分人不具备教育学的教育背景，不懂得国际通行的管理理念、管理思路、管理方法等，甚至语言能力也不能适应国际化的要求，比如有些看不懂英文教材。我国高校管理行政化倾向、官本位思想也表现在对国际化课程的管理上，课程的开设没有公开、公正的评审程序，有资历的教师掌握大量的教学资源，为其开设的课往往比较轻松但是报酬比较高，年轻老师进行国际化课程建设往往遇到困难，有些学校更是人为地区分核心课程和一般课程，前者有比较高的经费的资助，并大力鼓励教授申请；后者有时一点经费都没有，年轻高校教师开的课多半在此类，大大削弱了年轻教师参与课程国际化的积极性和创造力。

大学课程国际化意味着将国际因素整合到课程及其实施中，教师的参与是新建应用型本科院校课程国际化的重要条件。教师对国际化的态度、理念，教师的国际化知识、经验、方法，直接影响课程国际化政策和计划的制订及其实施。目前我国本科院校教师课程国际化参与不够，年长的教师形成了固定的教学模式，传统的教学方法和教学理念已经成型，很难在短期内发生转变，也很难要求年长的教师通过短期的培训掌握新的国际化知识，形成新的国际化态度和理念，而年轻的教师如果没有国际化的教育背景很难具有国际化态度、理念和知识、方法。因此，高校课程国际化管理不规范和教师对课程国际化参与度偏低，将会严重影响我国高校课程国际化的程度和水平。

第三节　未来中国高校课程国际化的主要趋势

在世界高等教育课程国际化发展的前提下，中国高等教育课程国际化的发展除了具有世界高等教育课程国际化发展的五种趋势之外，还呈现出以下四种发展趋势。

一、国际化与民族特色共存

由于历史和现实的原因，在中国高等教育国际化的发展过程中，长期以来一直存在"国际化就是西方化""国际化就是英美化"等错误观念。中国的外语教学也常常用来指代英语教学，高校的国际贸易、经济、法律等专业的国际化课程几乎是全部照搬西方发达国家高校的做法，采用西方原版教材进行教学。事实上，世界上没有哪一个国家或地区等同于或者说能代表"国际化"，而且来自于西方发达国家的教材不可能完全符合我国的政治体制、经济制度和文化传统，也带有其本国的意识形态特点。仅仅将别国文化与文明不假思索地拿过来用，用他国的思维来培养我国的学生，用别国的文明来看待我国的实际问题，必将失去我们自己的思维，失去我们自己进行创新的机会[①]。正如日本学者喜多春和之教授所言，国际化就是指本国文化被别的国家和民族所承认、接受并得到相当的评价。因此，我国高校课程在进行国际化的同时，要充分发挥"民族性"在国际化中的地位和作用，发挥我们自己的才智，不断创造具有本民族特色的高校课程，比如，把书法、中医、武术、易经、古代科技等课程建设成为国际性课程，使这些课程成为吸引外国学生来中国留学的重要课程资源[②]，同时将我们的学生培养成为具有中华民族特色的国际型人才。因此，国际化与民族特色共存将是中国高校课程国际化发展的核心任务之一。

二、增加和提高外语授课的课程数量与质量，实现本土课程国际化

2007 年，教育部提出要推进本科教学改革，提高教学质量，鼓励高校加强国际合作，与国外高水平的高校一起联合培养人才，共同探索培养高素质人才的有效途径，引进高质量的教材，从国外大学学习先进的教学方法。2010 年，中华人民共和国国务院发布《国家中长期教育改革和发展规划纲要（2010～2020 年）》，提出要促进国际交流与合作；引进国外高质量教育资源，提升合作与交流层次。高等教育国际化已上升为国家策略，并且成为长远发展的教育目标，高等教育课程的国际化已经成为本科教学改革的重要方向。然而多种外语授课的本土课程国际化的进程仍然相当缓慢，因此，以下建议将有益于加快本土课程的国际化：建设科学的、具有中国民族性、中国社会经济发展特色的课程模块；构建、采用国际通用的教材和教师配置标准、多种外语授课的国际化课程体系；建设国际化教学管理及学生管理队伍；建设国际通用的评价体系，便于实现真正意义上的学分互认、资源共享。

三、加大课程的输出

高等教育课程国际化的一个重要特征是输入与输出的均衡性。我们进行

---

①　汪立琼. 对我国高校课程国际化的反思 [J]. 山西财经大学学报，2005（03）：31-33.
②　季诚钧. 关于大学课程国际化的探讨 [J]. 课程·教材·教法，2003（04）：70-72.

国际化的初衷不仅是为了顺应经济全球化的发展趋势，引进他国优秀文化，培养国际型人才，提高国家的综合国力，还要主动传播我国的优秀传统文化，对世界的和平和人类团结做出应有的贡献。西方一些发达国家的高校在推动高校课程国际化的过程中比较好地把握了这一互动过程，在向其他国家和地区学习的同时，也努力输出自己的课程和内容；在学习和了解他国文化和文明的同时，也努力推广本国优秀的传统文化和内容，这样，高校不仅完善了自己的课程体系，也推进了高等教育国际化的进程。相比较而言，我国高校课程国际化更多地表现在学习、借鉴和引进他国的语言、教材和优秀课程资源上，而对我国的文化、课程的输出相对较少。国际化是一个互动的过程，邓小平同志的"三个面向"中的"面向世界"就向国人提出了"让世界了解中国，让中国的文化对世界的和平发展做出贡献"这一使命。因此，我们的课程国际化不仅要输入课程，还要加大课程的输出，通过对外汉语教学、中国浸入式商务英语课程、海外课程、联合学位课程等途径传播和输出中华优秀文化。

四、建立科学合理的通识教育课程体系

通识教育课程内容是课程国际化实现的基础和条件，也是课程国际化的重要组成部分，同时也是课程国际化发展的重要趋势，例如，美国哈佛大学的核心课程就为诸多国家和学校所效仿，其科学合理的课程体系、完善的课程内容堪称通识教育课程的典范[1]。一般来说，通识教育课程主要围绕国际化的主题组织教学，开发具有国际化视野的跨学科的新课程。我国的部分研究型大学虽然开设了通识课程，但是由于发展时间较短，仍然不够成熟，内容设计不够合理，与学生原有的知识结构不能很好地进行衔接，很难满足学生的兴趣和需求，也很难实现培养学生综合素质和创新能力的目的。因此，今后我国高等教育课程的国际化要在通识教育课程建设这一方面下大力气，根据各大学的人才培养目标、师资状况和教学特点，科学地设计通识教育课程内容，建立具有本国和本校特色的通识教育课程体系。

---

[1]　路丽娜. 我国研究型大学课程国际化研究［D］. 兰州：兰州大学硕士论文，2010.

第四节　课程国际化与本土化——适应与调整

随着高校课程国际化所受的重视程度越来越高，关于高校课程国际化与本土化之间的争论也越来越激烈。高校课程国际化具有十分突出的现实性，其目的就是为了培养符合世界发展形势的国际通用高素质人才；而高校课程本土化则是相对于海外引进的课程而言的，它更多地体现为外来课程与我国传统课程的沟通与融合。二者具有十分密切的联系，在高校课程改革的过程中，需要将二者有机结合，否则将会给高校的人才培养工作带来不利影响，使得高校课程的整体水平大打折扣。

一、课程本土化

"本土化"与"现代化"这两大概念在我国已经有一百多年的历史，二者都是在清末帝国主义的炮火打开中国大门，西方文化涌入中华大地，严重冲击我国的传统文化的背景下产生的。二者既有联系又有区别，主要区别在于，现代化是相对于传统而言的，本土化则是相对于外来文化而言的。从第一次鸦片战争到"五四"运动，当西方文化给中国传统文化带来巨大冲击的时候，一些有识之士力倡中国走现代化之路，同时也关注着如何借鉴、吸收西方文化，将其融汇到中华传统文化之中。在如何协调"西潮"与"古学"之间的缝隙与张力时，则提出了"中国化"的问题，也间或有"本土化"的提法①。由此可见，本土化是外来文化与本民族传统文化相互沟通、融合的过程；是外来文化及传统文化改变自己的初始形态以适应社会文化发展要求的过程；也是两种文化发生碰撞时不可逾越的一个阶段。因此，本土化是传统文化结合外来文化而迈向现代化的中介与桥梁。

近代中国历史进程中，在抵御侵略、救国图存的思想感召下，我国的仁人志士开始了对西方教育的探索，不断地尝试着将西方的先进文化和教育理念引进到我国，并将其与我国的传统文化和传统教育理念相融合，力图将西方教育理论本土化，进而实现我国高等教育的学科现代化。先辈们的尝试与探索为我们今天的课程本土化研究提供了理论依据。

---

① 郑金洲. 教育现代化与教育本土化 [J]. 华东师范大学学报（教科版），1997（03）.

教育本土化研究的第一阶段是洋务运动时期，这一阶段我国的近代课程开始萌芽。由于两次鸦片战争，西方资本主义国家入侵中国，清政府为了求强求富、抵御外患，产生了洋务派，出现了洋务运动。在教育领域出现了洋务教育，洋务教育不同于传统的封建旧式教育，在内容上增加了西文（外国语言文学）和西艺（西方一些科学知识）课程。这样，在课程设置上除了原有的四书五经等儒家经典外，增加了外国语和西方先进的自然科学知识。概括地说，也就是在"中学为体、西学为用"的思想指导下，迈出了课程本土化研究的第一步。这种"中体西用"的课程设置，是我国学校课程近代化的第一个里程碑，对后来学校教育的课程极有影响①。

教育本土化研究与实施的第二个阶段是在维新运动时期，这一阶段我国近代课程的雏形初步确立。维新运动在教育方面的主要表现是废八股、变科举、改书院、兴学堂。最终使近代教育（包括近代学制和近代课程）在我国确立②。维新派的主导思想认为，学校课程应当"以政学为主义，以艺学为附庸"，并倡导我国学堂的课程改革应效仿日、美的模式。可见维新派在教育本土化的探索上比洋务派更激进，更西化，但仍不可避免地要兼顾"中学"。近代中国思想文化教育领域里，新学与旧学、西学与中学之争，持续了几十年都没有真正地被解决。作为本土化的过程必然伴随并顾及两种文化思想体系。近代中国的西学（新学）课程是从西方搬来的，它在"中国化"的过程中还缺少生根的土壤，因此也为后人对教育的本土化进一步的探究留下了艰巨的任务。

"五四"运动时期，我国兴起了学习西方教育思想的热潮，有关西方教育思想的著作不断被翻译成中文并出版发行，社会各界展开了关于学习西方教育思想的大讨论，而各种效仿西方教育的活动也被陆续开展了起来。在西方民主思想和科技文明的洗礼下，我国的近代教育先驱逐步意识到了我国绵延两千多年的传统教育思想的局限性，开始着手从内容与方法上对中国传统教育进行改进。这一时期的教育，首先是与救国联系在一起，出现了较有影响的平民主义教育思潮、工读主义教育思潮、职业教育思潮、实用主义教育思潮等。接着，大批资产阶级教育家和爱国知识分子，从教育救国的立场出发，以西方的教育理论为武器，对教育的诸多方面进行大刀阔斧的改革，到国民

---

① 吕达. 中国近代课程史论 [M]. 北京：人民教育出版社，1994.
② 孙培青. 中国教育史 [M]. 上海：华东师范大学出版社，1992.

党统治时期，各种教育实验纷纷在农村出现。总而言之，以"五四"运动为先导，20 世纪 20～30 年代的教育改革与实验，在课程和教学方法方面进行了本土化的探索。

如果说从晚清到"五四"是中国教育近代化的时期，那么新中国成立以后，在教育领域的改革与探索又使中国教育走上了现代化之路。就"教育学"这门探究教育现象及规律的学科而言，"中国化"的历程从"苏联化"到"多元化"再到"中国化"的近半个世纪发展道路和剪影，从一个侧面反映了教育领域的新探索[①]。20 世纪 80 年代以后，随着改革开放政策的贯彻实施，教育领域在"面向世界、面向未来、面向现代化"思想的指导下，借鉴和吸收世界其他国家的教育理论和经验，从办学形式到教育内容，从课程目标到课程设置，都在中国特色理论的指导下，进行着历史性的创造工作。教育现代化是一个过程，虽然它已经开始启动，但它必将延续到未来，在这一个过程中，本土化的中介与桥梁作用仍将具有十分重要的意义。

二、国际化与本土化的关系与调整

高校课程国际化是高校课程基于民族传统课程上，面向世界开放的一种趋势和过程；同时高校课程本土化要通过建构国际课程体系规范，使自己参与到世界高校课程体系并进行平等沟通与对话。所以说，高校课程国际化与高校课程本土化的关系是辨证统一的。高校课程国际化作为高等教育国际化的重要组成部分，它体现了未来高校课程远景：首先，世界各国高等教育有了长足的发展，各国高校课程质量经过一种"国际认证"被国际社会承认和尊重，达到了国际水平；其次，高校课程之间存在着共同的"游戏规则"，体现了一种制度上的共通性。国际上有通用的课程管理制度，例如，一位中南大学的本科生可到清华大学修 10 个学分，再到麻省理工学院修 10 个学分，等等；再次，建立与世界各高校联网的校园网，实现课程资源共享；最后，由于有了课程规范上的共通性，各国高校课程都可参与到世界课程体系当中进行真正意义上的沟通与对话，同时各国高校课程又保持了民族的特色。

由于种种客观因素，我国教育界长期错误地将高校课程国际化与课程西方化、欧美化相等同。然而真实的情况是，"国际化"是着眼于全球的，虽然

---

① 　陈桂生."教育学视界"辨析 [M]. 上海：华东师范大学出版社，1997.

欧美发达国家在高校课程国际化方面比较先进，但他们依然无法代表全球。因此，我们要发挥本土化优势，发挥"民族性"在国际化中的地位和作用。越是民族的东西越具有国际性，在高校课程建设的过程中，一方面要积极引进西方的先进文化知识，并将其内化为我国本土文化的组成元素；另一方面则要选择时机、采用适当的方法将我国的优秀传统文化向海外传输，让中国文化获得更多外国朋友的认可，增强我们民族的文化自信。

在全球化的历史背景下，我们必须对高校课程进行整体设计，将国际化与本土化有机地结合起来，既要扬弃民族课程，又要与世界其他文化体系的课程展开真正有意义的对话，并在不断"扬弃"和"对话"中构建既具民族风格又具国际共通性的课程。

第五章　主要发达国家高校课程
国际化的实践与启示

我国高校课程国际化经历了一个不算长的发展阶段，虽然取得了一定成绩，但也存在不少不足之处。因此，有必要对主要发达国家高校课程国际化的实践经验加以了解，从而帮助我国高校课程国际化实现深入发展。本章我们将系统梳理美国、英国、加拿大、澳大利亚、马来西亚的高校课程国际化实践，并对中外高校课程国际化展开比较分析和经验借鉴。

第一节　美国高校课程国际化的实践与启示

美国可谓是西方发达国家的领头羊，美国教育在其政治经济发展中一直起着支柱性的作用。美国的高等教育虽然仅有三百多年的历史，但是其成绩却达到了一个不容置疑的高度，因而成为各国高等教育借鉴与学习的典范。本节我们就展开对美国高校课程国际化实践的梳理，并谈谈其带给我国高校课程国际化的启示。

一、美国高校课程国际化概述

自美国建立大学起，高等教育的课程国际化就已经开始发展了。总体而言，美国高等教育课程国际化主要经历了以下几个发展阶段。

（一）机械移植 17 世纪英国大学古典课程的萌芽阶段

1636 年，来自英国的公理会清教徒创办了美国第一所高等学府——哈佛学院。当时，英国移民为了培养为英国服务的传教士，传承英国的宗教信仰及文化，把英国剑桥大学的古典课程移植到哈佛学院，并用拉丁语进行教学。然而，这种生搬硬套的模式脱离了北美移民的生产实践。

18 世纪初，以牛顿经典力学理论为代表的欧洲自然科学开始进入美国大学的课堂。由于北美移民在开发美国的过程中，对实用性的课程具有强烈的需求，自然科学的实用知识被大量引入大学课程，使得大学课程结构得到很大的改善，符合了公众的需要①。美国独立初期，美国大学更是掀起了学习法语的热潮，从而拉开了学习外语的序幕。

（二） 由 "学科普遍化" 运动开始的确立阶段

19 世纪，欧洲科学研究热潮推动了第二次工业革命，也为美国由农业社会向工业社会的转变奠定了基础。尤其是崇尚科学与学术自由的德国高等教育 "新大学运动" 的思想，冲击了美国的高等教育，吸引了众多美国青年远赴德国留学与考察。在深入了解与学习了西欧教育内容之后，这些有志于改革本土学科课程的青年人，在美国推动了 "学科普遍化" 运动。其中，曾赴德国留学的安德鲁 D. 怀特就在就任康奈尔大学校长后，将德国先进的工业教育思想引进到了本校。当时，美国的工农业正在迅速发展，社会生产与生活实际都需要具备实用技能的人才，能够将所学的知识付诸实践。康奈尔大学设立的自然科学、工程技术等课程既符合国家、社会及学生们的需要，也改变了美国高校理论与实践相脱离的局面。

第一次世界大战使各民族受到了重大创伤，也使各国开始关注国际之间相互理解与交流的重要性。而美国高校在 20 世纪 30 年代开始将世界区域研究纳入到课程中，一方面促使了美国高等教育课程结构的调整，另一方面把实用主义学科融入课程中，使美国高等教育课程有了新的发展，并确立了课程国际化运动在高等教育中的重要地位。

（三） 第二次世界大战后的兴盛阶段

第二次世界大战以后，美国的经济、政治和社会发展达到了前所未有的高度，并一时间成为世界强国。然而，1957 年前苏联卫星上天以及欧洲科技的迅猛发展一度超越了美国的技术，使美国的经济遭受挑战。于是，美国国会通过了以人才培养提升国家实力的教育法案。明文规定政府及非政府组织都有义务从资金、制度、组织等方面支持高校开展外语学习、国际研究和教学，这大大促进了课程国际化运动的开展。1989 年，美国教育委员会对 20 世纪 80 年代高校开展国际教育改革活动的全国性调查表明，3/4 的院校将开设

---

① 谢作栩. 美国高等教育课程国际化的历史演进 [J]. 教育研究，1996 (6)：65.

面向世界国际领域的课程，如将世界历史和世界文化列入普通教育计划；1/2 的院校通过校际合作，共同安排包括国际课程的高等教育；半数二年制学院将某些国际领域课程列入普通教育计划①。

（四）21 世纪以来的新发展阶段

21 世纪，美国各高校为了巩固和提高自身在国际化进程中的竞争力，全面推动了新一轮的课程国际化热潮。自 2001 年起，美国教育委员会(American Council on Education，ACE)、国际大学协会（International Association of Universitives，IAU）等组织开始对美国高校的课程国际化情况进行定期调查和监控，以确保各高校不断提高课程国际化水平，如图 5-1 所示②。

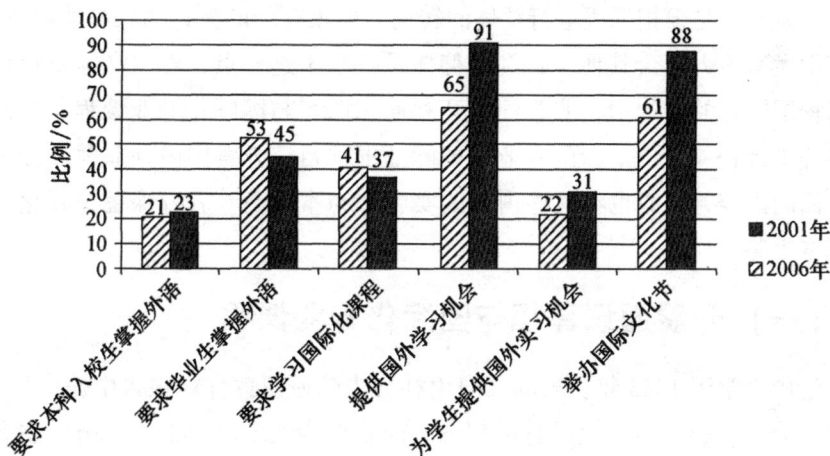

图 5-1　美国高校课程国际化基本情况

从图 5-1 可以看出，从 2001 年到 2006 年，美国为学生提供国外实习机会的高校由 22% 上升到了 31%；在校内，举办国际文化节的学校非常活跃，5 年内由 61% 增加到了 88%。美国国际教育研究所的一项数据显示，2005 年、2006 年分别有 223 名和 534 名学生到国外学习，比前一年增长了 8.5%③。可见，校外实习与校内课外活动最易成为美国课程国际化的起点。IAU 于 2003 年、2005 年及 2010 年分别对全国高校的国际化状况进行了深入调查，其在

---

① 谢作栩. 美国高等教育课程国际化的历史演进 [J]. 教育研究，1996 (6)：65.

② Green M F，Luu D，Burris B. Mapping Internationalization on U. S. Campuses：2008 Edition，2008.

③ Institute of International Education. Open doors 2007 fast facts. http：//www. odu. edu/ao/oip/ opendoors 07. pdf [2012-12-11].

2003 年对美国部分高校的一项调查报告中发现，在课程中注入国际维度是被这些高校认为第四重要的国际化策略[①]。

在这一阶段，各高校都有明确的课程国际化发展规划，而且由于不同的高校有其特定的愿景与需要，每个高校都开始努力寻找适合自身的课程国际化途径。

二、美国高校课程国际化的实践

课程国际化是高等教育国际化进程中的关键内容，这在美国已是普遍的认识。很多学者认为，将一门课程国际化并不是简单地使这门课程适应国际化的需要，而是要把课程进行整体的转换，要求有新的教育理念和学习方法，以使学生有能力体会其他文化和信仰体系。基于这一点，美国高等教育在推进课程国际化的过程中，非常注重开展通识课程与国际化专业课程、开设更多的外语课程、开设全新的专业或国际证书项目、开发国内外双联课程等几个方面的内容，同时也将这些内容的实施作为本国高等教育课程国际化发展的基本策略。

（一）开展通识课程与国际化专业课程

哈佛大学于 1945 年发表的《自由社会中的通识教育》报告中提出："教育可分为通识教育与专业教育两部分。前者作为大学教育的一部分，主要关注学生作为一个有责任感的人和公民的生活需要，后者则给予学生某种职业能力训练。两者有区别，但并非相互对立和割裂。"通识教育课程则主要以西方思想与制度、文学名著、物理科学或生物科学导论课等为主。

在通识教育课程方面，根据 ACE 于 2010 年的调查发现，56% 的美国学校要求所有学生选修一门国际或全球主题的课程；28% 的学校要求学生选修一门非西方课程；29% 的学校要求学生必须掌握一门外语课程才能毕业，39% 的学校要求一部分学生必须掌握一门外语课程才能毕业，如图 5-2 所示[②]。

① Knight J. Internationalization of Higher Education Practices and Priorities：2003 IAU Survey Report. IAU，2007：15.
② Green M F, Luu D, Burris B. Mapping Internationalization on U. S. Campuses：2008 Edition. 2008.

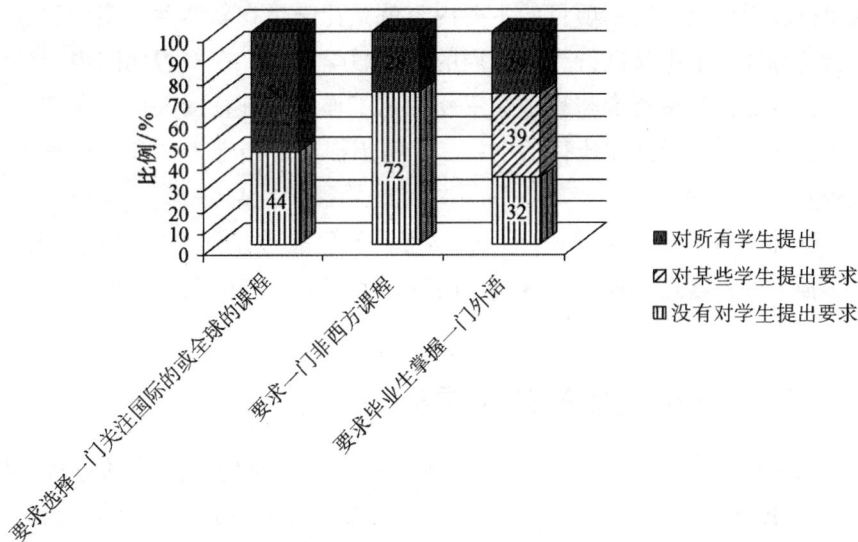

图 5-2 美国高校通识教育课程要求情况

美国高校国际化通识教育课程主要有以下几种方式。

（1）国际化本国项目。

（2）通过本国国际性的校园提供国际项目或课程。

（3）与其他国家的组织建立合作伙伴关系。

例如，2011 年，被评为"国际化学校"的阿兰特国际大学（Alliant International University，AIU）在 20 世纪 90 年代便开始了课程国际化进程。该校主要采取了以下几项措施。

（1）在每个项目和每门课程中加进国际性的内容和范围。

（2）将英语作为第二语言进行教学，利用国际愿景和国际学生资源作为校园的"国际活动图书馆"，把国际浪潮逐渐渗透到通识课程中。

（3）组织本校教师用国际视野反思课程，使课程保持国际性特征。

（4）增加跨学科和跨文化学习的课程和项目，为学生提供更多的出国机会。

在上述这些策略下，阿兰特国际大学增强了课堂与课外活动的国际性特征，增加了各种国际合作的研究项目，增加了学生和教师在校内外及国内外的国际交流与合作。

关于专业课程的国际化，美国印第安纳大学（Indiana University）的教育学院做得较为突出。从 1975 年起，该学院就通过"文化浸透项目"为海外学生提供教学项目。这一项目的主要内容就是让学生在新西兰、澳大利亚、中国台湾等地的中小学进行为期 8 周的课堂教学实习。在实习期间内，学生必须做到两点，一是负责与教师职责相关的工作，促进社区人民的友谊，参与当地社区活动，设计和执行活动；二是每周提交对当地人文和价值观的感想报告。

这种国际化专业课程或项目的学习，不仅能够使学生的视野得到拓展，增强他们的民族意识及国际意识，而且还能够为他们的教学生涯奠定良好的基础。

（二） 开设更多的外语课程

通过促进学生对外语的学习，高校能够加快课程国际化的进程。但据 ACE 于 2008 年的调查显示，虽然有 95% 的美国高中生学习了一门外语，但是他们中很少有人在大学进修更高水平的语言技能。因此，美国教育创新把主要精力投入到对外语的要求中去，各学校也加强了对外语学习的投入。美国的经济发展委员会在 2006 年强烈呼吁美国人要学习多种重要的语言，如汉语、俄语、阿拉伯语、印地语和波斯语等。另外，美国很多大学都有相当一部分民族化的本地学生，因此开设各种现代语言课程也成为必然的要求。

美国纽约州立大学宾厄姆顿分校曾自创了一套语言学习教学法，即"通过课程学习外语（language across the curriculum，LAC）"。这套教学法主要包含以下几个特色。

（1）项目教师与语言资源专家大多毕业于 SUNY-Binghamton University，而且是本地的国际研究生。

（2）在文化课程中开发非英语模块，用英语教授母语为非英语的学生，让他们有机会在获得大量知识的同时，发展英语能力。

（3）让新入学的学生在介绍语言的课程中研究美国和外国文化，从而一方面进一步提高他们基本的语言使用技能，另一方面拓展他们的跨文化意识。

（4）在具体科目的学习过程中，学生们要将语言与科目内容相结合，并培养自己专业性学科的外语水平，从而不断提升自己的口语及书面语应用能力。

（三） 开设全新的专业或国际证书项目

为了让自己的课程实现整体上的改变，高校基于自身情况，投入重点资源和力量去从体系上做出改变不失为一个好办法。重设已有院系、开发一个全新的专业，或者设立本校所独有的国际认可的技能凭证或证书等，都能够让本校的课程国际化情况焕然一新。简单来讲，一种课程体系就是首先确立"不能缺少"的课程，然后配合通识性课程和辅修类课程即可。美国高校在这方面的做法值得借鉴。

例如，美国的印第安纳大学伯明顿分校就是大胆做出此方面的创新而赢得国际社会高度认可的。印第安纳大学伯明顿分校的国际研究专业，从很早开始就专注于跨国界和地域的全球性和跨国议题。他们连接了众多专家学者，并和国内外众多相关机构开展合作项目。学习本专业的学生所能够选择的专业非常多，包括全球资源和环境、国际通信与信息等文科及理科的专业，课程涵盖了国际、世界或国际比较等内容。另外，学校还非常重视这些学生的外语掌握情况，因为语言是他们加入教学实践项目或到国外学习所必不可少的基本技能。

（四）开发国内外双联课程

双联课程，即由两个不同国家的两所或多所学校共同研发的课程国际化模式之一。其往往是由两个认为能够互相取长补短的高校通过建立合作关系，为双方提供专业的海外培训，从而让双方的教师和学生可以接触到具有专业视野的国际学者和学生，提高双方的国际竞争力，并通过跨文化和国界的交流拓展学生的知识面。

以美国洲际大学为例，其不断开拓具有合作潜力的合作伙伴，从而为学生提供国际双联课程，并利用自身的学术优势和对方的培训环境提高课程质量。比如，其与日本开发了心理临床方面的硕士培养项目，日本学生需到美国洲际大学完成一个学期的相关培训过程；与泰国斯巴顿大学开发了"执行心理学博士"项目，泰国学生有机会参观美国洲际大学的三个校区，等等。美国洲际大学之所以选择这些合作伙伴，其标准主要包括：能满足自身教育的需要；能满足美国洲际大学和外国政府制度以及文化要求的课程，并执行由美国洲际大学负责学术标准、外国学校负责实施的方案；能适合外国制度；能严格、持续并有财政能力完成双方的义务等。

（五）在课程中融入国外学习或实习

美国高等教育院校经常将课堂教学、课外实习、研究项目合并使用，在美国高校看来，这三者在教育中缺一不可，且具有等同的价值。美国研究高等教育的学者将国外学习或实习融入课程的策略称为"注入模式"，在这种模式下，学生出国前要先学习数月的相关研究课程，然后再参与海外学习，这种教学模式对于促进学生的本专业学习有积极的影响。

以佐治佩雷米特学院（Georgia Perimeter College）为例，该学校开发了一个名为"通过学科旅行"（travel across the discipline，TAD）的课程国际化系统模式。根据这一教学模式，在学生去外国前或外国学习期间，参与该项目任务申请的教师将监督 TAD 任务的准备情况，并及时给学生提供反馈和帮助。由此我们可以看出，佐治佩雷米特学院的 TAD 项目很好地把教学的核心课程与海外实地考察联系起来，有效地促进了美国高等教育课程国际化的发展。

（六）在课堂内外活动和项目中注入国际化内容

为了将国际化的视野注入教学实践中，教师在每一学期都会将国际化的概念和议题加入教案和课堂内外的活动中。这样做，高校和教师不必付出过多的倡议和行动，就让学生了解和学习了国际化知识，是加快高等教育课程国际化的一种有效方法。在当前阶段下，关注国际比较（如文化、宗教、政府等）或基于跨国议题（如文化人类学、文化地理学、伦理研究、跨文化交流等）的学科通常被认为是较容易实现国际化的课程，因此它们常常被教师和管理人员纳入到国际化活动的框架之中。整体来看，在高等教育课堂内外活动和项目中注入国际化内容，美国高校主要采取以下两种方式。

1. 为学生提供参加课外活动和项目的平台

目前，美国高等教育普遍使用广义课程的理念，认为不仅应该通过在课堂中向学生传播国际化或全球化的观念，而且还应为学生提供参加各种课外活动和项目的平台，使他们的生活到处充满着国际化气息。通过这样的教育方式，高校教师在进行课程计划和活动规划时，对国际性内容和方法的讲授会有更高的关注度，这同时也提高了学生促进国际文化交流的意识，使广大高校学生更懂得宽容，在此基础上，学生也就能更加开放地与教师和其他学生进行问题的讨论。

2. 增加国际化内容的科目

高等教育课程国际化的实践表明，增加国际化内容的科目比在已有课程中加入国际化内容更为有效。但是，这种高等教育课程国际化模式也有一定的缺陷，突出表现为其教育成本较为昂贵，且需要更多的时间。以圣地亚哥学院的教育实践为例，该校用了四年时间对三门课程进行改造，有效地增加了本校学生参与全球竞争的机会。经过一段时间的努力之后，圣地亚哥学院的课程国际化实践取得了一定的成绩，但是我们也必须认识到，这种课程模式与当前四年制大学的衔接还存在着较大的难度。

三、美国高校课程国际化对我国的启示

美国高校课程国际化的实践采取了多种实践策略，综合来看，其对我国高校课程国际的启示，主要包括"三位一体"的教育体系、"三管齐下"的课程国际化策略。

(一)"三位一体"的国际化教育体系

美国大学课程国际化的发展，很大程度上受益于政府、社会团体和大学所形成的"三位一体"的国际教育体系。三者各司其职，共同推动了美国高校课程国际化的发展与进步。美国政府从宏观层面对跨境教育提供政策支持与投入支持。社会团体是美国政府与大学之间的调和者，在二者之间起到桥梁与纽带的作用。一方面使大学课程国际化受到政府和社会的广泛关注，另一方面监督政府政策的执行及大学国际化课程的发展。而大学，则以充分的自主权，展开对课程目标的制定、课程体系的设置、课程经费的使用、任课教师的培养与选择等，确保了高校在国际化教育中的竞争优势。

美国教育委员会在支持国际学生、发展海外学习以及拓展课内外的国际活动中起着重要的作用。美国国际教育委员会的愿景旨在促进国际和跨文化的学习，以及对文化多样性的尊重，并为毕业生成为世界公民创造条件。为了建设一个牢固的国际教育项目，美国教育委员会的管理者和教师进行了跨校园、世界性的合作。以佐治亚大学为例，从20世纪90年代初起，佐治亚大学就为教师提供工作室以及参加研讨会的机会，为学生提供夏季海外学习项目，为国际学生提供最好的实践机会。这些合作项目不断增加，其中的合作伙伴由2个增加到26个，交换生项目由4个增加到31个。

在我国，尚未建立起政府、社会团体以及大学各司其职而又互相协作的大学国际化推进体系。当前的中国公立大学采用的是高度集权的控制方式，

政府集办学主体、投资主体与管理主体于一身，负责高校的大多数行为，从而使中国大学国际化明显地展示出"外部驱动"的特征，缺乏与社会的主动联系和互动。随着高等教育的发展和国际竞争的加剧，中国大学国际化的推进体系必须创新，否则必然阻碍高校课程国际化的发展。

（二）"三管齐下"的课程国际化策略

这里以佐治亚大学为例，来阐述"三管齐下"的课程国际化策略。其内容包括确保核心课程能为所有学生提供坚实的国际基础；与学术部门合作建立国际学习成果及为每个专业设置评估方法；设计一个有组织的、可以附加给所有专业的国际学位。

（1）改革核心课程。新的核心课程为全体学生的国际知识的积累奠定了坚实的基础。佐治亚大学已经花了十年时间重新设计核心课程，并确保它为所有学科的学生提供解决现实生活挑战以及增强国际竞争力的技能。新的核心课程要求二年级学生学习4学分的全球视野课程，以达到"进一步培养学生的全球视野并实现扫盲"的目的。此外，每个学生还必须学习两个额外的3学分课程，以加强对不同民族、文化、社会和团体的全球性问题的学习。这些课程为学生提供了把专业与选修课程相联系的核心课程机制。美国国际教育委员会在2000年进行了一项调查，发现全球视野已经成功地融入到核心课程中，这些全球视野包括学生能够评估各民族、文化、社会和团体历史与时代等国际议题。

（2）国际化系部与专业。佐治亚大学用各种激励方法让教师把国际内容和视野纳入他们的课程和教学中，以确保每一个专业都具有国际性成果与评价。首先，学校通过财政政策进行激励。2007年，学校接受了10 000美元的捐赠用于开设国际化的专业；2008年佐治亚大学用50 000美元支持了12个系部的国际学习评估活动，并让学校领导带领国际教育工作室的成员参加活动。其次，美国国际教育委员会通过学术奖金支持教师进行海外访问，以便让他们学习更多的国际教学方法。例如，2010年夏季，美国国际教育委员会通过教师研究奖金鼓励教师到捷克和斯洛伐克的国际戏剧艺术节进行交流，并编写剧本，近年有三个协会资助的教师领导与希腊、英国等国家的夏季学习项目，美国国际教育委员会分会的教师正努力为国际化奖金项目工作。

（3）国际副修指定学位。佐治亚大学提供了国际研究副修科目，如非洲研究、国际贸易等副修课程，还有欧盟研究和大西洋研究证书等。这些都是很多学生的理想选择。该学位将达到让学生"从多学科的视野理解全球议题和系统，具有用中级外语进行交流的能力，适当地选择正确的视角去解决问题，接受文化差异"。美国国际教育委员会成员共同开发国际副修学位的结构，这种结构可以添加到所有专业中。该学位要求学生选修 4 个领域的国际副修科目，包括政治科学、经济、跨文化研究和区域研究。每个学生必须具有用中级外语进行听、说、读、写的能力；必须用一个学期的时间进行海外学习、研究或实习。学生的学位证书写着"国际副修"的字样，用于表明其国际学习的成果。

第二节　英国高校课程国际化的实践与启示

英国高校课程国际化缘起较早，并在近几十年取得了显著的进步。其将国际化真正融入到了高校课程中，在内容设置、教学安排、教师建设等方面均有所突破和发展。本节我们就展开对英国高校课程国际化实践的梳理，并谈谈其带给我国高校课程国际化的启示。

一、英国高校课程国际化概述

英国高等教育国际化的思想渊源可追溯到 800 多年前。公元 1167 年，由于英、法两国之间发生严重矛盾，巴黎的英国学者几乎全部归国。这些学者回到英国之后，选中了牛津城，并在牛津成立了第一所大学。因此，牛津大学也被称为"巴黎之女"。由此可见，继法国巴黎大学创立 20 年后所产生的牛津大学，其本身就具有高度的借鉴性和跨国性。而英国真正意义上的高等教育课程国际化则开始于 20 世纪下半叶，通常以第二次世界大战和 20 世纪 70 年代为临界点，经历了起步—发展—低落—迅速发展四个时期。在这期间，英国高等教育的课程国际化也随之变化，经历了萌芽—初步发展—迅速发展三个重要时期。

第二次世界大战前属于萌芽阶段，在此阶段，英国通过海外殖民扩张几乎在整个世界建立起了殖民地，由此也获得了丰厚的经济回报。许多殖民地国家以及一些新兴资本主义国家纷纷派遣留学生到英国学习先进的科技，尤其是造船和军事方面的课程与技术，希望以此实现强国的目的。

第二次世界大战以后，英国在世界经济、政治、军事上的地位都大为削弱，因此，政府将高等教育国际化提升为增强其国际竞争力的重要战略。他们大力推进包括教育在内的各项福利政策，这一时期的主要特点在于教育援助活动，这一活动以政治为主要动力，是为了国际利益服务的，而不是为了高等教育本身。1944年，英国颁布了教育史上最重要的教育法，确立了教育领域的秩序，并发表了一系列有关科技教育的报告。其中，产生深远影响的报告内容为：凡是培养工程师的课程都要包括实习，必须实现在校学习和工作实践的相互结合。

后来，英国开发了"三明治"课程。这种课程并非英国所特有，但它在英国许多科学技术学院中普遍设置，占的比例很大。三明治课程（sandwich courses）是一种理论-实践-理论的人才培养模式，其实施方式是在两学期之间，通过在校授课和到企业实习相互轮替的教学方式实现以职业素质、综合应用能力为主的人才培养目标。在英国，这种培养模式主要有两种形式，第一种形式分为三个阶段，学生中学毕业后，先在企业工作实践一年，接着在学校里学习完第二年或第三年的课程，然后再到企业工作实践一年，即所谓的"1+2+1"和"1+3+1"教育计划；第二种形式是第一、二、四学年在学校学习三年理论，第三学年到企业进行为期一年的实践，即所谓的"2+1+1"教育计划。

英国又将美国以计算机技术为核心的先进技术引入"三明治"课程，作为课程的一部分内容。学习者通过一段时间的学习后，投入到与学习相关的工作实习中，经过一段时间再回到学校继续学习，弥补工作中的不足。这一过程，不仅提高了英国技术工人的技术水平，推动了英国科技水平的发展，为英国经济的恢复与振兴提供了强有力的人才支持，而且也丰富了英国高等教育的课程内容，拓展了课程的国际化视野，从而推动了英国高等教育课程国际化的发展。

进入20世纪90年代以来，国际化和全球化的重点发生转移，致力于扭转将民族国家作为分析高等教育机构的基本单位的模式。高等教育的国际化在欧洲逐渐成为一项重点内容，并被认为有较大的发展空间，出现了一些旨在促进欧洲学生和教职员工交流的课程。与此同时，伴随着亚洲地区经济的快速发展，特别是中国的崛起，亚太地区开始受到世界的瞩目。作为世界十大学府之一的牛津大学，在其亚洲研究专业开设了一系列关于亚洲政治、经济和文化的课程，受到了其他国家或地区的学生的青睐。

二、英国高校课程国际化的实践及启示

近几十年以来，英国的高等教育课程国际化实践取得了显著的成绩，其不仅确立了高等教育课程国际化的目标，而且在课程内容的设置与课程的具体实施过程中都融入了国际化的元素。除此之外，英国在教师国际化建设等方面也取得了令人瞩目的成绩。英国高校课程国际化的实践，主要是从以下几个方面展开的，这对我国高校课程国际化的发展具有一定的启示价值。

（一）在现有的课程中加入国际性的内容

在当前阶段下，英国已在普通教育核心课程中增加了世界史课程和外语课程，在工程、教育和工商管理等领域的教学中也增加了国际方面的教学内容。通过对这些课程的学习，英国的大学生能够最大限度地掌握本专业学科内容的最新发展动态，这能够使他们在今后的工作中更好地适应专业发展对人才的要求。

以伦敦大学的东方与非洲研究学院为例，它成立于 1916 年，当时称为东方研究学院，1938 年改为东方与非洲研究学院，是西方著名的东方学研究中心之一。其研究范围包括整个亚洲和非洲地区，所以，在中国有人称它为亚非学院。东方与非洲研究学院的简称是"索亚斯"（School of Oriental and African Studies University of London，SOAS），其主要课程包括经济学、政治学、历史、地理、宗教研究、人类学、语言学、艺术、建筑、音乐以及近 30 种语言文学课程。几十年来，索亚斯人才辈出，对东方学研究做出了重大贡献，在国际上享有较大的声誉。现在全院拥有教师约 200 人，学生 1000 多人。师生来自世界上 70 多个国家和地区[①]。

东方与非洲研究学院的研究领域十分广泛，已扩大到东南亚的地理、政治、经济、国际关系、人种、人口和法律等方面。在东方与非洲研究学院，专门从事东南亚研究的只有一个系，即东南亚及岛屿语言文化系（department of the language and cultural of Southeast Asia and islands），该系的教学和研究分

---

① 朱镜人. 英国高等教育的数量发展和质量监控 [J]. 安徽教育学院学报，2002，20（5）：86-89.

为两个方面，即语言和文化。目前，其在语言教学方面共开设印度尼西亚语、高棉语、泰语、缅甸语和越南语五门语言课程，共有 9 名教师。除该系外，在东方与非洲研究学院的其他 10 个系中，有 6 个系都有人专门从事东南亚政治、经济、历史等方面的研究。历史系有 3 名东南亚史学者，史密斯副教授讲授早期东南亚史、东南亚国际关系史，但他的主要专长是美越关系史；勃朗博士讲授 19 世纪以来的东南亚史和东南亚经济史；哈里斯则兼事东南亚和南亚古代史的教学和研究。

（二） 开设专门的国际教育课程

在高等教育国际化的实践与探索过程中，要求在国际的框架下讲授某种学科，使高校学生可以更好地意识到所有国家的相互联系及世界共有的普遍性的问题。

20 世纪 80 年代中期，英国许多社会科学的学者在传统的经济学、政治学、社会学、人类学、历史学、地理学和语言学等学科领域里开设出了新的分支学科或跨学科的学科，如关于都市化、人口增长、环境污染、民族和种族冲突，以及当代国际关系和世界事务，世界文明与非西方国家等世界问题的研究。这些都极大地促进了英国高等教育课程国际化的进程。

（三） 开设区域研究课程

随着全球化水平的日益加深，世界各国之间的交流日趋频繁，经济、文化交流也越来越紧密。在这种时代背景下，对不同国家和地区的了解将成为高等院校学生学习的一个重要内容。因此，英国高等教育开设了以区域为研究对象的课程，如亚洲研究、欧洲研究、美国研究等。

（四） 建立国际交换课程网络

英国通过加强与世界其他高校之间的联系，彼此交换课程，以补充学校教学计划中未能设置的课程。通过这样的方式，使英国高校的学生体验到不同的文化背景，了解不同国家和地区的风土人情，使其通过学习和了解世界其他国家的历史和文化，从而了解整个世界。

（五） 提供海外学习的机会

1973 年，英国正式加入欧洲共同体，成为其成员国之一。在此之后，英国进一步加快了与其他成员国之间学分互认的进程。20 世纪 80 年代，英国加入了一项地区公约——《欧洲地区国家承认高等教育学历、文凭与学位的地区公约》，该公约旨在促进学术交流和承认各领域行动的集中和合理化，并从各个角度进行知识和实用技术的转让。

1995 年，欧盟成员国之间开始推行学分转换制。这一制度尝试在成员国大学间进行学分交换与互认，鼓励各成员国自愿采纳。相关统计数据表明，1998 年英国参与欧洲学分转换制的院校与 1995 年相比平均增加了 76%。由此可见，与欧盟成员国的学分转换为英国学生提供了大量的到海外学习的机会。

（六）开设语言课程

语言是与其他国家展开文化、经济等方面交流的重要工具。在当前阶段下，英国许多高等院校开设了一系列的非英语的语言课程，如法语、西班牙语、汉语、罗马语、德语等。这些外语课程极大地丰富了英国高校的课程内容，也吸引了很多海外留学生来英国学习，同时学生通过学习他国的语言，能够帮助自己进行其他与区域有关的专业课程的学习。

比如，伦敦大学从 20 世纪 30 年代开始在课程设置上新增了希伯来语、希腊语、英国语言、比较评议学、缅甸语、印第语、阿拉伯语、波斯语、汉语等外语课程，不再只是单一教授拉丁语，以此让学生掌握更多其他国家或地区的语言。

（七）运用先进的教学媒体

教学媒体是课程顺利实施的重要保障，而运用电子教学媒体是实施课程国际化的重要基础。英国作为西方主要发达资本主义国家之一，经济发达，科技水平在世界上也居于前列。经济和科技方面的优势使得英国高等教育在教学上能够利用先进的教学媒体来完成教学。在英国高等教育实践中，学生们可以很方便地通过网络平台查询资料，然后将所得的相关文献进行整理，让他们对自己所演讲的主题有更加直观的了解。

（八）建立了灵活的授课形式

当前，英国大学课程国际化的授课方式主要包括以下两种。

第一，国外学生在当地读完两年或大部分课程后，在最后一年或最后一阶段转入英国大学继续就读，在获得合格的成绩之后，就能够获得英国大学颁发的学位和资格证书。

第二，在境外实施教学的全过程，也就是说所招学生在当地教育机构读完所有课程。

（九）建立了高校教学质量控制体系

20 世纪 80 年代初，英国首先将全面质量管理（total quality management，TQM）与 ISO9000 理论引入高等教育领域，建立了保障高校教育教学质量的新模式。英国高等院校以专家治校的传统管理理念为基础，借鉴工商业全面质量管理理论和 ISO9000 质量标准认证机制，建立了校内的教学质量控制体系，设计了校内的教学质量控制体系，其具体内容如图 5-3 所示。

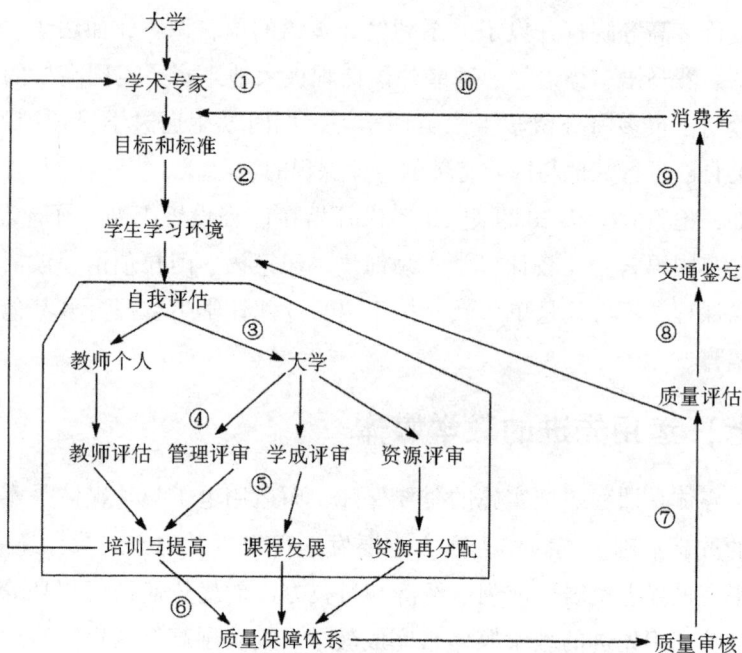

图 5-3 英国高校教学质量控制体系

注：①～⑥主要是校内评估；⑦～⑩主要是由校外人员对
课程进行评估，主要是针对课程效果和满意度的评估

从图 5-3 我们可以看出，英国的教学质量控制体系涵盖了教学目标和标准、学生学习环境、教学资源分配、课程发展、师资培训与提高等方面，更好地体现了课程的国际化元素。

（十）促进教师队伍国际化

在教师队伍的建设和打造上，英国高校普遍采取了两项主要措施，一是鼓励本国优秀教师积极参与海外交流项目，二是加大海外教师的聘请力度。

1. 参与海外交流项目

英国政府认为，教师可以通过交流促进自身的专业发展，获得更多的国际思想。1987—1990 年，欧洲共同体成员国颁布并实施了旨在推动欧洲国际化学生交流和教师交流的伊拉斯谟计划。英国积极参与伊拉斯莫计划，根据该计划，任何高校教师都可以向欧盟申请流动资金。数据统计显示，参与伊拉斯谟项目的教师已经从 1997 年的约 8000 人增加到 2007 年的 16 000 人。英国成为最受教师欢迎的交流地点之一。

2. 聘请海外教师

在英国高等教育课程国际化实践与探索的过程中，英国政府和高校积极与国外联合，共建大学，或与外国大学联合培养大学生；英国的一流大学都十分重视跨越国界聘用一流的领导和教师、吸引优秀的学生。例如，在 2004 年，曼彻斯特大学与曼彻斯特理工大学合并为新的大学，聘请原墨尔本大学的校长阿兰·吉尔伯为校长，同时还聘请了一批海外优秀教师来校任教。

第三节　加拿大高校课程国际化的实践与启示

与英国高校课程国际化的起源相似，加拿大高校课程国际化也拥有比较长的发展历史，且经过多年发展，已经具备国际领先水平，因此对我国高校课程国际化的实践有不少启示。本节我们就来了解加拿大高校课程国际化的实践，并对其启示加以探讨。

一、加拿大高校课程国际化概述

加拿大是世界上较早进行高等教育国际化理论研究与实践探索的国家之一，基于历史和文化的深层原因，加拿大的高等教育自诞生之日起就带有深刻的国际化印记。在教育国际化漫长而曲折的发展历程中，加拿大的高校曾先后借鉴了英国、法国、美国等西方发达资本主义国家的高等教育模式和先进经验，积极与世界各国进行学术交流与文化往来。

15 世纪初，欧洲各国海外探险家开始了早期的海外殖民扩张，加拿大丰富的资源和区位优势成为欧洲各国争夺的对象。与此同时，欧洲各国的文化和教育也对加拿大产生了深刻影响。1663 年，拉瓦尔神父在加拿大魁北克创立了魁北克神学院，标志着加拿大高等教育的开端①。魁北克神学院的主要教学目标是培养本地牧师，在课程设置上，开设了神学、希腊文、法语、拉丁语、希腊哲学、修辞学等课程，其中语言课程占有较大的比例。语言学习是课程国际化的重要内容，由此可以看出，加拿大的高等教育初创时，就已具有课程国际化的色彩。17 世纪初，英、法等国在加拿大建立永久居住地，确定法律条例，设立行政区，逐渐确立了其殖民地。加拿大的高等教育也基本沿袭了英、法等国高等教育模式，英语和法语成为加拿大不同区域的通用语言，教学内容与教学方法基本也是照搬欧洲高等教育模式。虽然这段历史使加拿大的高等教育在某种程度上具有了殖民色彩，但从另一个角度来说，在高等教育初创时期，加拿大克服了语言障碍，也吸收和借鉴了世界上先进国家的经验和课程内容，这本身也是一种课程国际化的过程。

1848 年，加拿大被准予成立自己的政府，负责除外交以外的其他事务，第二年该政府为应对加拿大国民对高等教育的实际需求，颁布了《多伦多法案》，推行高等教育世俗化改革，在课程内容上，逐渐淡化宗教色彩，增加近代科学的比例，提倡学术自由、大学自治。至 1867 年加拿大联邦政府成立，成为英联邦的一个自治领地时，加拿大已经借鉴英格兰、苏格兰、法国、爱尔兰、德国等地区和国家的高校模式创立了 17 所高等院校。值得注意的是，其中 13 所高校与宗教组织联系密切或受其控制②。因此，至第二次世界大战前的相当长的一段时期内，加拿大高等教育一直处于争取大学自治权的斗争之中。自然科学进入了高等教育领域后，专业范围和高校合并的范围逐渐扩大。第二次世界大战后，加拿大经济以空前的速度发展，经济的高速发展对劳动力素质提出了更高的要求，因此间接促进了加拿大高等教育的快速发展，教育经费投入增速迅猛，这一时期加拿大的高等教育也步入了高速发展时期。加拿大高校开设的课程更贴近经济发展的实际，结合不同地区特点，以满足不同地区的人才需求。根据各省实际，加拿大出现了一些综合性的中学后教

---

① 侯建国. 加拿大高等教育改革与发展 [M]. 北京：高等教育出版社，2006.
② 田耀. 浅读加拿大高等教育 [J]. 天津外国语学院学报，1996 (4)：58.

育、职业教育培训项目及学徒训练、技能培训等项目。这一时期，加拿大高等教育不仅规模逐渐扩大，教育质量和国际影响力也逐渐提升，扭转了在高等教育国际化中的被动地位。大量留学生的涌入，为加拿大在课程国际化理论与实践方面进行探索与实践提供了可能。

20 世纪 90 年代初期，加拿大经济的萧条逐渐显露，联邦政府不断削减对高等教育的投入，高校也逐渐降低教师的工资与福利。至此，联邦政府作为大学主要资助者的角色正式结束，形成了省政府完全主导高等教育政策，各省开始建立自己的高等教育体系，高校具有高度的办学自主权的格局。此时，加拿大不得不面对的一个事实是高校林立，教育经费紧张，本地生源明显不足。加拿大大学与学院协会（The Association of Universities and Colleges of Canada，AUCC）较早地注意到了国际化在加拿大高等教育发展中的重要作用，为了促进加拿大高校的国际化，1997 年 9 月，AUCC 发表了《加拿大大学国际化的声明》，具有前瞻性地指出国际化是未来高等教育生死攸关的一场大变革，是加拿大高等教育在 21 世纪确保其优势地位的重要保障，呼吁各个高校将国际化列入学校的发展目标。声明还提出了一系列的具体措施，建议各个高校颁布国际化的政策文件，按照国际发展前沿和学术动态进行课程改革、更新教学内容，鼓励高校开展跨国界的项目合作等。AUCC 在 2006 年和 2009 年对加拿大高校展开了大范围的调研，督导并促进各高校开展高等教育国际化。与此同时，AUCC 也注重高等教育国际化的理论研究，通过理论和实践提出了关于高等教育国际化的概念："高等教育国际化是把跨国界、跨文化的视角、观点与高等教育机构的教学、科研和服务功能相结合的进程。"并将课程国际化定义为："将国际跨文化或全球化的视野融入到教学内容、教学资料以及教学和学习方法中的过程①。" AUCC 出现了 J. Knight 等一大批高等教育国际化的专家和学者。

经过多年的发展，加拿大的高等教育国际化在世界各国已处于领先地位。加拿大的许多知名学府如多伦多大学、不列颠哥伦比亚大学、滑铁卢大学和麦吉尔大学等，都保持着较高的教育水准，吸引着成千上万的海外留学生前去求学深造。

---

① AUCC. Internationalization of the curriculum. http：//www. aucc. ca/_ pdf/english/pub-lications/aucc -scotia. pdf ［2012-01-23］.

二、加拿大高校课程国际化的实践及启示

课程国际化是当今世界高等教育国际化中的重点和难点问题，在推进高等教育课程国际化的进程中，加拿大已经形成了独具国际化视野与世界教育意识的课程理念，丰富和发展了高等教育国际化的内容，建立了完善的课程评价体系和宝贵的课程实施经验，实现了国际化与本土化的充分结合，为其高等教育国际化后续发展奠定了坚实的基础。加拿大高等教育界在高等教育国际化中不断发展，不断在实践中进行总结和提高，经过漫长的发展过程，逐渐形成了具有开放性和普适性的世界意识教育的课程理念，探索出了具有特色的课程实施与课程评价体系，成为课程国际化领域的佼佼者。加拿大高校课程国际化的实践，主要是从以下几个方面展开的，接下来我们就逐一探讨，并在其中阐明对我国的启示。

（一）世界意识教育的课程理念

加拿大高等教育在实践的基础上，重视课程的国际化理论研究，形成了世界意识教育的高等教育课程国际化理念。加拿大教育界把国际化课程看成一个复杂的体系，在其中加入了多元化的文化观念，包括历史背景、政治方向、主流价值观、学习态度及教学观念等；力图自主设计适合国内外学生的国际化课程，在内容和形式上趋向国际化，以拓宽学生的国际化视野；要求教师在课程实施上关注交叉文化背景下的教学方法的革新，培养国内外学生的跨文化意识。

多伦多大学高等教育国际化学者金·肯奈特提出了课程国际化的几点建议，具体如下。

（1）在传统课程中增加国际内容，将多元化知识融入课程，引导学生批判性地学习不同来源和背景的知识。

（2）开设注重国际主题的新课程，培养学生的跨文化意识。

（3）输入与输出课程相结合，引进国外先进课程的同时，也要结合本国实际设计适合国内外学生的国际化课程。

（4）增加涉外专业，以拓宽学生的国际化视野，培养学生在国际化和多元化社会工作环境下生存的能力。

（二）本土化与国际化相结合

加拿大课程国际化兼有本土化与国际化的色彩，注重课程的前沿性与本土适用性。国际化课程强调的是理解、适应与合作，它强调应通过推进课程改革来培养学生的多元文化视角。我们都知道，实现课程国际化，首要的一点就在于克服语言障碍，如果不能克服这一障碍，任何国家都无法真正将课程国际化执行下去。加拿大高校普遍重视语言课程，授课语言主要是英语或法语，40%的必修课程是由外籍教师和有海外经历的专家学者授课。加拿大高等教育将多元文化融入课程，在课程理念方面提出世界意识的教育，培养世界公民，不断完善与丰富国际化课程内容。从国家观念到国际意识，从传统的思考方式到更为理性的思考。这并不意味着个体的丧失，而是更广阔的全球视野的获取。加拿大意识到本国的活动并不是孤立于其他国家之外的，所以没有将目光仅仅局限于本国，而是跨越了国界，将目光更多地投入到与全人类有关的问题上。

北京大学杨立文教授曾指出，"加拿大作为一个年轻的、独具特色的资本主义国家，在很短的时间内，它已发展成为世界上一个独立的、发达的工业化国家，跻身于西方七强之列，它之所以能做到这一点，是因为它在实现现代化过程中有自己成功的秘诀，很值得我们研究、借鉴。其中最根本的一点，是以我为主，博采众长，走加拿大自己的道路。"加拿大的高等教育课程国际化在经历了从国际化水平较高的国家引进国外原版教材、聘请课程教师、邀请学者进行学术讲座之后日益成熟，并且逐渐迈上了"输入"与"输出"并重的道路。加拿大不仅采取积极措施接收国外留学生，同时，为了适应竞争日益激烈的全球化发展的需要，培养具有国际化视野的人才，还鼓励并支持国内学生到国外进行学习，不断提高出国留学的人数比例，为他们提供在国外进行学习和研究的机会。

与此同时，加拿大注重课程的自主开发，将本国的国际化课程推向世界。加拿大高等教育还善于整合资源，许多大学与国际教育机构或企业合作，通过举办远程教学课程、研究生学位课程等来输出课程。目前，加拿大已与世界多国互认学分和学位文凭，这样学生对学校的选择空间更大，为多元文化提供了学习环境，进一步促进了课程国际化。

（三）多方努力促进课程国际化的实施

课程实施是高等教育课程国际化的关键部分。课程国际化，既需要优质的国际化课程方案，更需要高校教育教学工作者以积极的态度参与课程实施。加拿大的课程设计工作室就是旨在研究课程国际化的实施的机构，它的存在可以视为加拿大众多研究课程国际化机构的一个代表。课程设计工作室的成员有的与大学的教学中心有着紧密的联系，有的在高校管理部门就职，他们的主要工作是设计课程改革和帮助教师在课程国际化中顺利成长。课程设计工作室不仅参与课程设计，优化国际化课程内容，还为参与者提供新的教学方法。课程设计工作室的活动包括设计国际化课程内容；探讨和学习在课程国际化环境下的教学方法；宣传世界教育意识理念等。课程设计工作室的经验在加拿大被广泛推广，课程设计工作室这类工作室给课程国际化的参与者（尤其是教师）提供了深入了解课程国际化和学习有效教学手段的机会，使参与者在观点和行动上都有了巨大的改变，为高等教育课程国际化提供了条件。

高校教师是高等教育课程实施的主体，是课程国际化的直接实施者。进行国际交流与合作能够搭建国际交流和对话的平台，通过交流和讨论，各国学者能够开阔视野，从而促进课程国际化的传播。加拿大高等教育领域重视教师队伍建设，鼓励教师参与国际交流与合作。统计数据显示，在加拿大，40%的必修课程是由外籍教师或具有留学背景的专家、学者授课，部分课程是出国去学习，59%的课程来自国外，53%的学生到国外学习或参加旅行等活动。在加拿大，教师注重的是教学相长，以加拿大魁北克省谢布克大学为例，在国际化项目中心，教师与博士生、研究生、低年级学生通过"头脑风暴"教学，共同探讨、开发具有普适性的国际化课程，改革课程结构，在课程中增加人文科学和社会科学等内容，在研究和探讨中学习。

项目教学是推进课程国际化实施的重要手段，早在20世纪60年代，加拿大就与发展中国家开展了大量的并行项目。据加拿大大学与学院协会在2006年的调查显示，加拿大几乎所有的高校都参与了国际发展合作项目，近一半的高校在本科专业和研究生专业开展了国际化课程改革，合作项目涵盖管理、环境、基础健康、基础教育、自然资源、农业、私企发展、食物质检等12个学科领域，实现了针对不同文化背景、不同程度的学生开展多样化的项目教学的目的。在实践活动方面，学校依据项目建设了类似于社会服务工作者的基地，使学生在实践活动中增强国际化能力；国内国外留学生交往频繁，新技术广泛应用于教育教学之中，为课程国际化的实施创造了良好的环境。

加拿大的联邦政府和各级地方政府、第三方社会组织都积极采取措施推动课程的国际化。加拿大政府大力推进高等教育市场化，树立教育品牌，开展全方位、多角度的国际交流与合作，推进了加拿大与世界各国的学历、学位的互认，制定了签证、资助等相关政策，吸引了大批留学生。加拿大大学与学院协会等组织发展项目资助，组织专家、学者进行国际化课程的研究与开发，对国际化课程实施督导和质量评价。在这种情况下，加拿大高等教育课程国际化形成了结构合理，高校、政府、市场多方推进的"三方协调"局面。

（四）逐步完善的课程国际化评价

加拿大的国家体制是联邦制，国家的教育行政管理权不在联邦政府，而在各州及各级地方政府，教育标准和原则是由各州来确定的，但这并不表示在加拿大进行课程评价是无效的。加拿大有很多专门的职业性专业鉴定机构，专业鉴定的标准和程序由加拿大鉴定机构协会制定。加拿大鉴定机构协会有自己单独的预算部门和独立的董事会，制定各专业统一的教学规划和教育质量标准，协调加拿大各高校的专业课程，联合制定和实施课程评价。在高校内，加拿大的课程评价以学生为中心，强调学生的自我评价。以滑铁卢大学为例，滑铁卢大学在课程结束后，要求学生做到以下几点。

（1）学生对自己的国际化视野发展进行总结和评价。

（2）在融入他国文化的同时，学生们要能够反思本国的文化建设，有自己的观点和看法。

（3）学生要能够自己再现或模拟出真实的国际化环境等。

同美国一样，加拿大的社会组织、新闻媒体等独立于高等教育主管行政部门，它们作为第三方评估主体密切关注加拿大各高校的教育质量。例如，加拿大的麦克林斯新闻周刊通过介绍加拿大各高校的课程设置及专业排名情况对各高校进行舆论监督。加拿大联邦政府重视各高校的排名情况，并将此作为财政拨款的依据之一。在加拿大，学生和家长联合会也有权监督各高校的课程设置和教育教学质量，如果学校教育教学质量不好，学生会转学到教育教学质量好的学校。加拿大通过以上努力正在不断地探索融合学生评价、第三方评价和教师评价的课程国际化评价体系，从而逐步完善课程的国际化评价。

第四节　澳大利亚高校课程国际化的实践与启示

20 世纪末 21 世纪初的世纪之交，澳大利亚高等教育国际化的表现非常突出。1997—2006 年十年间，澳大利亚年均招收国际学生的增长率高于美国、英国、加拿大等其他主要英语系国家，且连续地呈两位数增长。根据澳大利亚国际教育处（Australian Education International）2013 年统计数据，当年在澳高等教育机构注册的国际学生总计近 25 万人，生源覆盖世界 190 多个国家和地区。单从学生的国际流动角度看，澳大利亚高等教育国际化的成效无疑是卓越的，至少在数量上的持续扩张令人为之侧目。

澳大利亚的课程国际化起步较早，发展较快，成效较为显著。1990 年，澳大利政府向所有高等学校授权，令其可以为外国留学生提供各类国际性课程，并通过在课程中增加国际内容、创办联合学位课程、开设比较研究与跨文化研究等多种方式实现课程的国际化。本节我们就来了解澳大利亚高校课程国际化的实践，并对其启示加以探讨。

一、澳大利亚高校课程国际化概述

20 世纪 50 年代初，澳大利亚面向东亚与东南亚学生开展留澳的高等教育援助计划，这被普遍认为是澳大利亚高校教育国际化的开端。该国该计划以国际学生学费支付为核心机制，从最初所有国际学生完全免费到 1980 年部分国际学生免费，再至 1990 年对所有国际学生征收全额学费，旨在通过高等教育的援助与半援助的途径，建立和维持澳大利亚与亚洲诸国的睦邻友好关系。

从这段发展历程来看，50—80 年代末这数十年间，澳大利亚高等教育国际化以国家外交利益为基本价值取向。而到了 80 年代，受困于国家财政困境，澳大利亚开始向部分国际留学生收费，及至 1990 年，国际学生全员付费的制度在澳大利亚大学全面铺开。

　　除了政府拨款补助之外，国际留学生的学费在 20 世纪 90 年代初期，成为澳大利亚大学经费的重要来源。以莫纳什大学（Monash University）与墨尔本皇家理工学院（Royal Melbourne Institute of Technology）为例，在 1992 年这两所大学的经费结构之中，国际学生的学费已分别占到学校全部经济收入的 8% 与6%。1991 年，澳大利亚产业委员会（Industry Commission）发表调查报告《教育服务出口状况》（Exports of Education Services），明确指出高等教育属于澳大利亚的出口产业，澳大利亚大学是积极的教育出口者（exporter）。澳大利亚通过向世界各地输出其高等教育产品，发展高等教育服务贸易，获取了可观的经济收益。高等教育服务贸易额占澳大利亚服务贸易总额的比例从 70 年代的 0.6% 提高到 80 年代末期的 6.6%，再至 90 年代末的 11.8%。

　　因此，就高等教育国际化的价值取向而言，自 20 世纪 80 年代以来，澳大利亚就逐步放弃了教育援助本位的政策立场，进入贸易取向的高等教育国际化发展轨道，经济利益上升为高等教育国际化的基本驱动力。

　　自 20 世纪 90 年代澳大利亚高等教育国际化主要受贸易利益的驱动之后，其所占据的高等教育国际市场版图大为扩张。2014 年，国际学生数占澳大利亚高等教育全体学生人数的比例已经高达 20%。这一指标数据居全球第一，不仅可以作为澳大利亚高等教育国际化的贸易取向发展之佐证，也足以说明该国在当前高等教育国际市场高度领先的竞争力水平。经合组织也曾预测澳大利亚在占有亚太区域高等教育市场上的持续优势，即从 2000—2025 年，澳大利亚在中国、马来西亚、印度与印度尼西亚四国的高等教育国际市场占有率将增加八倍。

　　就澳大利亚高校课程国际化来讲，1995 年，澳大利亚国际开发署加入了由经济合作与发展组织（OECD）牵头的大学课程国际化跨国比较项目。澳大利亚国际开发署的研究团队将 OECD 研制的国际化课程指标体系提供给澳大利亚大学以作参照。OECD 的国际化课程指标共有 9 个大类，分别是培养学生从事特定国际事务专业的课程、导向专业认证的课程、导向联合或双学位的课程、部分在海外大学修习的必修课程、涉及国际性科目的课程或区域研究、外语研究的课程、跨领域课程、补充了国际跨文化取向的传统课程、外语课程中的跨文化沟通议题与实训、为国际学生设计的专属课程，见表 5-1①。

―――――――――

① 姜丽娟. 贸易取向的国际化发展对高等教育的影响：以澳洲为例 [J]. 教育经营与管理研究集刊，2008（4）：17.

表5-1 OECD大学国际化课程指标与主要内容

序号	国际化课程指标	内容描述
1	培养学生从事特定国际事务专业的课程	1. 特定国际事务专业的基本规定决定课程的内容与教授方式 2. 课程基本目标：培养从事特定国际事务专业的高级人才
2	导向专业认证的课程	1. 课程获得国际认证机构的认证 2. 毕业者获得受国际机构认证的专业文凭
3	导向联合或双学位的课程	课程涵盖国际与跨文化研究及专业学习，修习完毕且合格者可获联合学位或双学位
4	部分在海外大学修习的必修课程	1. 部分课程需在国外大学修习 2. 部分课程的教学与评核由国外大学机构实施 3. 在国外大学修习的课程学分获得本国采认
5	涉及国际性科目的课程或区域研究、外语研究的课程	1. 课程以国际事务为主题 2. 学生必修以下课程之一：跨文化沟通、国际研究、外语
6	跨领域课程	1. 课程包含有深度的、两国或两国以上的国际案例研究 2. 课程评估所采用的国际标准需要在本土情境下的检验与修订
7	补充了国际跨文化取向的传统课程	改进后的传统课程在内容上需包含以下要点： 1. 课程有对国际与本土情况的参考 2. 对其他国家或文化的多样性描述 3. 对社会正义、人权及相关社会与经济议题的探讨 4. 对全球环境议题的探讨 5. 对全球化伦理议题的探讨 6. 对国际案例的研究 7. 对课程国际实践之历史背景的呈现 8. 对本专业在其他文化情境中价值的探讨 9. 对在不同文化与地区有关知识建构的探索
8	外语课程中的跨文化沟通议题与实训	课程目标、评估均明确指出跨文化沟通的内容与具体技能
9	为国际学生设计的专属课程	课程内容与授课方式明确指出对象是国际学生与海外分校的学生

澳大利亚的许多大学，如莫纳什大学、南澳大学、詹姆斯库克大学、科廷大学、格里菲斯大学，均以上述9项课程指标作为本校课程国际化的基本架构，并结合学校实际条件与本校课程策略，发展出适合自己的课程国际化具体策略与规范，并将这些指标纳入教师专业发展计划中，成为教师个人专业发展的指南以及对相关课程加以审核的要点。以南澳大学为例，该校在采用 OECD 课程国际化标准的基础之上，开发了一套南澳大学毕业生能力指标体系。这套能力指标的第7项为"作为专业人士与澳大利亚公民，南澳大学毕业生所展示的国际视野"，突出了毕业生在课程学习维度上的国际视野，并在该大项之下又提出了9项子能力指标，形成了南澳大学毕业生课程国际化能力指标体系，见表5-2[①]，将毕业生的国际化能力培养嵌入课程的学习之中，逐一回应了 OECD 的各项国际化课程指标。

表5-2　南澳大学毕业生课程国际化能力指标体系

序号	课程国际化能力指标
1	全球视野与从多角度思考问题的能力
2	对本土文化视野与他国文化视野的意识
3	对本专业研究的领域与其他专业传统之间关系的认识
4	对专业实践相关的跨文化问题的认知
5	对多元文化背景下专业实践与公民利益之多样性的重要性的认识
6	对形成文化观点与文化关系的因素的认识
7	对语言与文化多样性的价值的认识
8	将国际标准与规范应用于本学科或本专业领域的能力
9	国际社区背景下对展开地方决策及其实施之内涵的理解以及地方社区背景下对展开国际决策及其实施之内涵的理解

该指标体系的构成表明，国际化的课程在设计与实施、考核等核心环节上不仅需要注重学生对知识与技能的获知，还需要关注学生的国际价值观与跨文化意识的形成与发展；另一重要的考量在于学生对知识与技能的实际运

---

① Leask，B. Internationalisation：Changing Contexts and their Implications for teaching，Learning and Assessment. In Richardson，L. &Lidstone，J. （Eds.）. Flexible Learning for a Flexible Society，2000：389—401.

用以及相应的主动行动。配合上述课程国际化的要求，南澳大学进一步开发了一套大学优良教学准则体系，后者对南澳大学教师如何展开国际化教学提出了要求，并配以具体的课程教学建议。例如，准则之一即指出，"教师应对所教课程保持热情，并激发学生对该课程的好奇心、兴趣与创新力，包括分配足够多的时间用于对学生进行个人指导"。在课程国际化的目标情境中，教师对该项准则的遵循需要注意以下几个要点。

(1) 在本专业领域内扩展自身的国际联络。

(2) 熟知本学科与专业领域国际性问题、标准与实践规范。

(3) 从本学科与专业的角度出发，善于参考国际案例与观点。

(4) 保证留出足够的时间用于与国际学生讨论专业或与学习有关的事务。

从经合组织的课程国际化指标到本校毕业生国际化能力指标，再至本校教师国际化教学策略，南澳大学在一般与个别之间，学与教循环往复之中的课程国际化实践是澳大利亚大学在课程国际化领域的一个缩影。各大学的课程国际化努力不仅提升了澳大利亚高等教育的整体质量，也极大地推动了澳大利亚在高等教育国际市场上的发展。

二、澳大利亚高校课程国际化的实践及启示

澳大利亚高校课程国际化的实践，主要是从以下几个方面展开的。

(一) 树立国际化的课程观念

2000 年 5 月，澳大利亚课程组织第七届全国大会提出了一个全新的课程概念——"全球化课程"，认为国际化课程代表的是一种高等教育领域里的新思路、新观点，强调教师与学生之间要增加国际交流与沟通，了解和尊重各民族的文化传统。澳大利亚大学就是在这样的国际化思想下建立课程目标和体系的。观念指导活动的产生，没有正确的观念，任何活动也达不到预期的结果，具有国际化的课程观念，才能提高我国大学本科课程的国际化程度。课程国际化虽然是一种全新的理念，但是国际化的课程观念是其主要的内容，课程观念的国际化对于我国大学本科实践课程国际化具有指导意义。因此，我国大学本科在实践课程国际化的过程中应该树立国际化课程观念。

（二）　开设专门的国际化课程

澳大利亚大学专门开设了形式多样的国际化课程，如国际经济、国际关系学、国际政治和国际文化研究、国际金融和国际贸易、国际史、国际问题研究、国际农业发展研究等。这样多种形式的国际化课程，能使学生学习到全面的知识，包括国际历史、社会、政治、文化、经济领域里面的新观点。高等教育要具有国际化的特色，高校要使其课程载体参与到世界课程体系中。澳大利亚大学积极与外国大学合作，联合他国大学开办学位课程。其合作对象主要有印尼、马来西亚、新加坡、泰国、中国内地和中国香港。

澳大利亚大学多元化的国际化课程，给我国大学本科建设课程国际化带来了实践经验。这样多种形式的国际化课程，使学生能够全方位了解国际大背景中前沿的文化知识，获得国际化的视野，有利于国际化人才的培养。创办联合学位课程，可以增加本国与外国之间的课程内容和理念的相互交流，学生可以就国际化主题进行沟通，不断完善国际化知识体系。我国大学也可学习这种经验，提升我国优秀文化对国外学生的影响程度，从而更好地输出我国的国际化课程。

（三）　在原有课程中增加国际性内容

澳大利亚大学在原有课程中注入大量的国际性内容，比如增加跨文化研究，了解别国的文化有利于学生国际经验与视野的培养，并及时补充国际上最新的课题研究成果。据澳大利亚教育部门一项大学情况调查表明，澳大利亚朝着国际化方向发展的课程已达 400 多门之多，其中包含有国际内容的课程占总课程门数的 25%。

为了使课程国际化达到预期的效果，使培养出来的国际化人才具有竞争力，我国大学本科在实施课程国际化的过程中，除了专门开设国际化课程，还可以在原有课程中增加国际化内容。调整原有的课程结构，能使学生学习到国际上前沿的知识，并且也能够节约教育成本，优化课程资源。增加国际性的课程内容对于课程国际化的建设具有重要的意义，我国大学本科在实施课程国际化时，可以学习这种方式。

（四）　规定教师与学生有国外学习经历

课程与教学方法要具有国际化的特点，就需要一支具有国际化课程教学能力的师资队伍，这对于提高教学质量是至关重要的。因此，澳大利亚大学努力创造条件安排教师海外实习和学习，扩大教师间的国际交流，为此，还专门开办了一个季度性项目，国内外学术研究人员积极参与到其中。在澳大利亚的大学与其他国家大学或科研机构进行合作中，教师自身的素质得到了提高。澳大利亚规定部分国外学习课程，引进国际商务、国际比较教育、外国风俗研究等课程。埃迪斯科文大学与美国、加拿大、英国、新加坡、荷兰、瑞典、马来西亚和法国等国的高校积极展开学生交流，在假期时间中极大地丰富学生的国外学习与生活的经历。埃迪斯科文大学还扩大学生国际交流的范围，安排学生到中国、毛里求斯、越南等地学习、考察。

在大学课程国际化过程中，教师发挥着关键的作用。没有国际化的教师队伍，大学课程达到国际化的要求就变得相当困难。因此，我国大学本科构建课程国际化时，应尽量为教师安排海外实习和学习的机会，加强其与国外教师的交流，并较多地学习异国的国际化课程，从而有效地提高我国大学本科课程的国际化水平。国外学习在提高学生的外语水平、提供跨文化的直接经验方面的作用是有目共睹的。因此，我国大学本科在课程国际化的实践道路上，应该采取各种措施尽量使更多的学生群体有出国学习的经历，增加学生的国际化视野。

（五）聘请外国学者授课并积极发展远程教育课程

澳大利亚大学聘请外国学者教授课程，每年外籍教师会获得一定的教学与学术研究职位，有一部分外籍教师是在国外工作一段时间或者深造以后再回国的澳大利亚人，但大多数都是来自世界各地的优秀教授与学者。澳大利亚大学还认识到要利用课程国际化吸引更多的留学生，就要大力发展远程教育课程。澳大利亚的远程教育发展得较早，办学规模大，地域覆盖面广，开放程度较高，可以向亚太地区提供全面的国际化课程，进行多元服务。

建设国际化教师队伍，一个重要的方面就是聘请外国的学者和教授来本国大学教授课程。通过这样的方式，教师能够把自己国家的先进文化知识带到异国，大学的课程和教学内容逐步国际化。我国大学应该吸引高水平的专家学者，增加外籍教师的数量，使教师队伍国际化得以发展。同时，远程教育课程是采取多媒体方式进行系统教学和通信联系的教育形式，是将课程传送给校园外的一处或多处学生的教学形式，是一种跨学校、跨地区的教学模式。与面授教育相比，远距离教育的优势在于它可以突破时空的限制，提供更多的学习机会，降低教学的成本。基于远程教育课程的特点和优势，结合我国大学的实际情况，在实践课程国际化时，可以积极发展远程教育课程，使本国学生高效地学习到国外的国际化课程。

第五节　马来西亚高校课程国际化的实践与启示

2007 年，马来西亚高等教育部发布《面向 2020 年国家高等教育战略规划》，明确马来西亚将以高等教育国际化为主要途径，发展成为"亚太地区高等教育中心国家"。而这一目标的实现，要看马来西亚是否可以在 2020 年前实现以教育输出为主。现在，马来西亚的高校课程国际化发展已经得到了国际上大多数国家的认可。这说明，其在高校课程国际化方面的实践是比较成功的。本节我们就来探讨其实践的内容及启示。

一、马来西亚高校课程国际化概述

可以说，自 1963 年马来西亚联邦成立以后，马来西亚的教育就进入了一个改革的时代。直到现在，马来西亚的教育改革仍然没有停止，并且在不断发展进步。在其高等教育的众多领域和环节中，都已经脱离了殖民式的教育体制，这样的发展变化，促进了马来西亚整个国家的经济发展、社会进步和人民幸福。

整体上来看，自 20 世纪六七十年代开始，马来西亚的教育改革重心在不断变化，据此，我们可以把其教育改革分为三个阶段。在第一个阶段，改革重心是深挖本国教育特色，以此为出发点实现基础教育普及化；在第二个阶段，改革重心在于形成科学完善的教育体系，实现中等教育普及化，并开始发展职业技术教育和高等教育；在第三个阶段，改革重心在于狠抓教育教学质量问题，并与国际发达国家教育相衔接，以先进的教育理念与教育思想提升本国的教育质量，让国民享有更开放、科学的教育资源和环境。

近年来，马来西亚所强调的通过教育促进个人的全面发展；在基础教育中注重基础知识、基本能力的训练；把课程改革同科学技术的发展，同国家经济建设的需要结合起来；以及在科学课教学中向学生灌输特定的道德价值观念等理论、方法和措施，均从不同的侧面反映出世界教育改革和发展的基本趋势和动向。

二、马来西亚高校课程国际化的实践及启示

马来西亚高校课程国际化的实践，主要是从以下几个方面展开的。

（一）积极开发跨境课程模式

双联学制课程（twinning program）、学分转移制课程（credit transfer program）、特许课程（franchise program）、远程学习（distance learning）是目前马来西亚高校主流的跨境课程形态，其中尤以双联学制与学分转移是马来西亚最早也最为普及的跨境课程流动形式。

1. 双联学制课程

双联学制课程在马来西亚的出现是在 20 世纪 80 年代中期，时值马来西亚陷入席卷世界的经济危机中，国民经济负担加剧，很多马来西亚学生希望获得国外学位，但无力支付留学的费用。由于当时尚未获权授予学位，马来西亚私立学院尝试与西方院校签订合作协议，实行双联学制的课程教学，学制结束，课程体系修毕，经国外合作高校考核合格者则授予其该校的学位，这一尝试取得了成功，终将发展之困境转化为发展契机。

马来西亚传统双联学制包括"1+2"和"2+1"两种本科层次的学制形式。"1+2"学制又称为"预科"，是指马来西亚私立院校与国外大学签订协议，学生先在马来西亚国内学习 1 年，再到国外合作的大学学习 2 年，学生在毕业时将获得由国外合作大学颁发的学位证书。"2+1"模式则是指，学生先在马来西亚的大学学习 2 年，再到有协议关系的国外大学学习 1 年，最后获得国外合作大学的学位证书。马来西亚高等院校从 1986 年开始，先后与澳大利亚、英国、美国、加拿大等西方国家的大学之间展开双联学制的合作，专业广泛涉及计算机、信息工程、商业管理等。经过十几年的发展，马来西亚为了减少外汇的流失，尝试开发了新型"3+0"的双联学制，即学生不需要出国，三年的学业课程可以全部在国内完成，最后获得相应的外国合作大学的学位（如图 5-4 所示）。

"1+2" 学制
本地1年、国外2年

⟹

"3+0" 学制
本地3年，无需到国外

"2+1" 学制
本地2年、国外1年

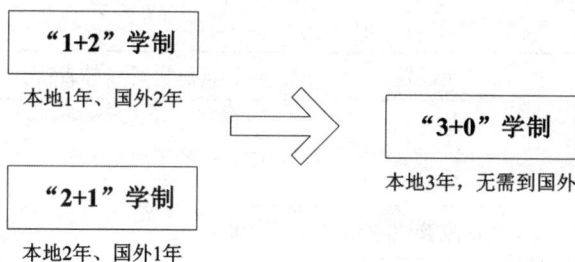

图 5-4　马来西亚双联学制的演进

双威大学是当代马来西亚院校中推行双联学制的典型。该校成立于 1986 年，位于马来西亚首都吉隆坡，是马来西亚著名的私立院校之一。学校由传统的双联学制，即"1+2"预科学制课程发端，经过多年围绕双联学制课程的经营，已由学院升级成为大学学院及至现今的大学机构的地位。每年有来自 10 多个国家的学生前来就读，该校能够提供超过 20 种学位和专业文凭课程。双威大学历史最悠久的"1+2"预科学制当下主要包括澳洲大学预科、澳大利亚莫纳什大学预科和加拿大安大略大学预科，见表 5-3[①]。比如，在双威大学与安大略大学修习完毕相关课程的学生可以直接获得安大略大学的学士学位。同时，双威大学也逐步和美国、英国、新西兰、澳大利亚等地著名高校建立与发展了密切的校际合作关系，逐步开发了多样化的双联学制课程模式，如"3+0"学制、"2+2"学制、"4+0"学制等，为本校学生提供了更加多样化的高等教育选择。

表 5-3　马来西亚双威大学学士学位课程

学位	专业设置	总学费（林吉特[②]）	学制
预科	澳洲大学预科（AUSMAT）	10 000	3（1+2）
	加拿大安大略大学预科（CIMP）	22 300	3（1+2）
	澳大利亚莫纳什大学预科（MUFY）	12 300	3（1+2）

---

① 　http：//www. schoolmy. com/SchoolWebsite/sunway/template. asp？328.

② 　林吉特是马来西亚的流通货币。

学位	专业设置	总学费（林吉特）	学制
新西兰学士学位	财会	39 000	3（3+0）
	金融		
	物流管理		
	零售管理		
	市场营销		
	人力资源		
	饭店管理		
	旅游管理		
美国学士学位	工商管理	34 100（两年合计）	4（2+2）
	自然科学		
	计算机科学		
	大众传播		
预科	澳洲大学预科（AUSMAT）	10 000	3（1+2）
	加拿大安大略大学预科（CIMP）	22 300	3（1+2）
	澳大利亚莫纳什大学预科（MUFY）	12 300	3（1+2）
英国学士学位	资讯系统	49 000	4（4+0）
	计算机科学		
	多媒体		
	计算机工程		
	电子商务		

2. 学分转移课程

学分转移制课程是指马来西亚院校与国外大学签订课程学分转移的协议，马来西亚学生在本国院校修习协议规定的课程体系，待到课程学分累积到一定数量时，便可以借此向协议关系中的国外大学注册申请学额，如获批学额，则可获得该大学的学历及学位文凭。学分转移制与传统的双联学制相比，最大的区别在于前者使学生可全程在国内学习，且由于一所本土院校可以和多所国外大学签订课程学分转移协议，学生可在众多的国外大学之间与诸多专业与课程之间自由选择①。

跨国的高等教育学分转移的情形在马来西亚最早出现于 20 世纪 80 年代。创办于 1983 年的伯乐学院与美国的布劳沃德学院签订协议，开展基于学分转移制度的课程，成为马来西亚第一所设立学分转移课程项目的高等院校。有关学分转移的另一典型学校是英迪国际大学学院。为保障学分转移机制的顺利展开，英迪国际大学学院专门设立了学分转移服务中心帮助学生获得国外大学的学额，更严格审核学分课程的质量，保证在该校所获学分得到具有协议关系的国外高校认可。这一系列举措促成了该校成为马来西亚所有设立学分转移系统的院校中最成功的案例。英迪国际大学学院现已与澳大利亚、新西兰、英国、加拿大等西方国家的多所高校建立和保持了基于课程学分转移的合作关系。

（二）完善国际化的校园课程体系

一份由马来西亚学者完成的马来西亚高等院校国际化的调查报告从教学语言、教学指导、课程、与教师接触、与本土学生交流、学生评价、学生出勤、考试制度 8 个方面考察了在马来西亚的国际学生的学习经历②。这份调查报告基于马来西亚国家能源大学与马来西亚吉隆坡基建大学的案例考察，其结论与建议在一定程度上反映了马来西亚高等院校在以课程为中心的国际化方面的努力。例如，为了进一步提高国际学生的英语能力，马来西亚大学开发出了系统的以英语为教学语言的学术课程，促使大多数国际学生用英语开展日常的学术交流。调查报告强烈建议，教授这一课程的马来西亚本土教师或外籍教师应该能说不带地方口音的纯正英语，而马来西亚本土学生也应该多使用英语，加强与国际留学生在课程上的沟通协作。

跨文化的意识与行为在高等教育课程的国际化中占据重要位置。鉴于此，该调查报告提出了如下建议。

（1）马来西亚高等院校应面向本土学生和国际学生提供跨文化交流的课

---

① 本土院校与国外高校之间的课程协议并不指向一种必然的权利与义务关系，即协议中的国外高校可以不接受他们审定为不合格的学生的入学注册申请，即使该生累积了足够的该国外大学的学分。

② Chong PY, Mokhtar AHA. International Students' Learning Experiences at Private Higher Education Institutions in Malaysia. Proceeding of the Global Summit on Education. Kuala Lumpur, 2013：303-309.

程群，以此减轻这两类学生相互理解和适应多元文化的难度。

（2）在对教学人员的要求方面，教师应号召本土学生与国外留学生多沟通协作、交流学习心得，这样既能够培养学生的交流意识，提升语言能力，还能够让学生进行换位思考，开拓学生的国际化视角，并让留学生对就读高校更加了解，从而能够更快地适应学习与生活的新环境，融入新的集体中。

（3）在为国际留学生服务方面，马来西亚各个高校应当以切实解决留学生在学习与生活中遇到的困难为出发点，争取通过规章制度、课程安排、课程设计、语言学习、考试考核等来减少留学生的融入问题，并帮助他们了解并认同所在高校的校园文化。

（三）注重海外分校课程的建设

为了满足国际学生的学习需求，马来西亚高校海外分校的课程设置多从当地出发，以经济和政治发展情况为导向，再考虑自身的长处。这样的思路使得其海外分校所开设的课程能够精准定位学生的需求，因而实现以小博大，虽然课程数量不多，却备受欢迎。比如有的海外分校只开设了商业类课程，有的则是商业、计算机、工程类皆有。

同时，在海外分校的管理体制上，分校的全部教学与运营事宜都由分校校长负责，但分校校长的职级要低于总校校长，因此需要服从总校所有的重要决议。在师资委任方面，总校统一选拔教师，通过考核的才能够去分校任教，并且其海外分校既受马来西亚的监督管理，亦受分校所在国家或地区的监督管理。

第六节　中外高校课程国际化
的比较分析与经验借鉴

前面几节，我们对美国、英国、加拿大、澳大利亚、马来西亚高校课程国际化的实践进行了阐述。本节，我们将通过对这些国家与我国高校课程国际化的比较分析，来挖掘其中可供我国高校课程国际化发展参考借鉴之处。

一、中外高校课程国际化比较分析

从全世界范围来看，高等教育课程国际化进程经历了三个阶段：一是单纯开设国际课程阶段，二是开设国际课程与课程中融入国际化内容并存阶段，三是开设国际课程以及将国际因素整合到课程及其组织实施阶段。以美国为主的高等教育发达国家经历约半个世纪的发展，许多学校已推进到第三阶段，运用国际化理念构筑课程体系、开设适应全球一体化格局的国际课程已走向常态化，不仅在整体课程结构中占有相当大的比例，而且多数课程的设置与实施也都渗透了国际化因素。然而，由于历史原因，我国高等教育国际化步伐直到 20 世纪 90 年代以后才加快。就目前的实际情况来看，我国上千所普通本科院校只有数十所国家重点建设的"985""211"院校在课程国际化方面有较为明显的推进，其他许多高校仍与这一要求存在较大差距。因此，比较中外高校课程国际化的发展，找到有利于我国高校课程国际化发展的策略或路径，对于推动我国高等教育国际化战略是有重大的现实意义的。

普遍来看，如表5-4所示，课程国际化的发展路径包括四大方面，分别是课程目标、课程设置、课程实施和课程评价。这里我们对中外课程国际化的比较分析，就从这四个方面展开。

表 5-4　课程国际化的发展路径

路径	内容	
课程目标	培养学生的全球能力和多元文化能力	
课程设置	开设相关的国际化课程	在现有课程渗透国际的、文化的、全球的和比较的维度； 开设国际主题的新课程； 开设外语学习课程、区域研究课程； 为国际学生开设的课程； 海外分校提供的联合学位/双学位课程； 在线课程或远程课程； 海外实习
	与非政府组织合作的课程和项目	与非政府组织合作开发课程，让学生参与有关国际事务的学术课程
	课外活动	学生俱乐部和团体； 国际的、跨文化和校园活动

续表

路径		内容
课程实施	教学过程中国际维度的加入	课堂中国际学生和有留学经验的学生参与；国际的和跨文化的案例研究、角色扮演、国际比较等教学方法的运用
课程评价	建立一套合理的课程评价体系，对国际课程进行评价，检测学生的学习成效	

（一）课程目标的比较

为了培养国际化人才，各国高校都根据本国情况确立了自己的课程国际化目标。总体上看，课程国际化的目标是让学生适应全球化发展的需要，能够在世界逐渐融为一体的大环境中具备竞争力。

对于美国而言，课程国际化的目标始终与其政治、经济目标绑定，其政治目标在于争夺世界霸权，提高国际竞争力，在教育领域，其提出的加强外语教学和区域研究就是此政治目标的体现。同时，对国家安全及利益的维护，也是美国高校课程国际化的一大目标。在澳大利亚，几乎每一所高校都以国际化目标为指导进行了课程改革。最近几年，澳大利亚高校还将历史与传统文化相关知识加入到了课程国际化中。他们认为，课程国际化的目标应为承认文化的多样性，并实现全球价值的大融合。比如，墨尔本大学、昆士兰技术学院、墨尔本皇家理工学院都将课程国际化的目标定位于跨文化的理解能力，也就是说，不论在哪种社会文化背景下，国际化人才都能运用专业技能完成应该完成的任务。由此，我们不难看出，澳大利亚高校课程国际化所追求的目标是文化层面的。作为多元文化的国家，加拿大在课程国际化的目标设置方面则更加放松，促进多元文化、实现民族和国家的文化交流是许多加拿大高校所追求的课程国际化目标。同时，加拿大已经实现本土文化与国际化的贯通，一方面保持开放性，另一方面又没有失去自身的独特性。比如加拿大萨斯喀彻温大学医学院所开设的《全球健康和当地社区：问题和解决方法》，帮助医学生更好地理解了社区与全球健康间的联系。英国长期以来，一直宣扬"欧洲维度"，要求课程设置以国际化为目标，要开发具有国际化视野的课程，让学生们更好地了解世界其他国家的历史和发展，从而了解过去，把握现在，放眼未来。英国的古老大学把课程国际化的目标定位在大学战略合作上，而一些新兴的大学则比较注重课程国际化带来的经济利益。

1983 年 10 月 1 日，邓小平同志提出"教育要面向现代化，面向世界，面向未来"，这"三个面向"不仅深刻揭示了现代教育的本质和客观规律，而且也表明了我国在现代化进程中所必须树立的新的教育理念。"三个面向"是中国大学国际化办学理念之源，进入 21 世纪，中国加入世贸组织，与世界的联系愈加紧密，在适应世界高等教育发展的过程之中，"国际化"的办学理念已与国家教育影响力、国家综合竞争力和国际地位等因素构建了更为直接的联系。《国家中长期教育改革和发展规划纲要（2010—2020 年）》中明确指出：将扩大教育开放，加强国际交流与合作，提高中国教育国际化水平，提升中国教育的国际地位、影响力和竞争力，培养大批具有国际视野、通晓国际规则、能够参与国际事务和国际竞争的国际化人才。

（二）课程设置的比较

有学者曾提出学科特征是影响课程国际化的重要因素。自然科学与社会人文科学对课程国际化的需求就不同，多数的国际化课程出现在社会人文而非自然科学领域，似乎社会人文学科更容易受到国际化的影响。那么，下面一个问题就出现了，哪些课程更容易被"国际化"呢？不同的国家在国际课程的设置上有没有不同呢？根据联合大学协会（IAU）2003 年的一项高等教育国际化全球调查显示，有 7 门学科最容易成为国际课程，从高到低依次是：工商管理学；社会学；医学；艺术和文学；自然科学；工程学；信息技术科学。

课程设置是课程国际化最重要的环节，国际课程的设计是课程国际化面临的一个难题，各发达国家在国际课程设置方面都有着自己的特色，各国家的大学在国际课程设置上均做出了有益的尝试。例如，美国爱纳大学非常重视工商、贸易等课程的国际化，将国际化课程设置的重点放在现有课程中注入国际化维度和跨专业学习上。其商学院的课程国际化的方式主要有四种，一是在现有的课程中注入国际化维度；二是所有的商业专业学生都修一门基础国际商业课程；三是要求所有商学院学生修一门本专业的国际化课程；四是要求学生修一门其他学院的国际课程。澳大利亚皇家墨尔本理工大学在课程和项目方面的计划有五点，一是打通课程之间的界限，如联合学位、跨学科选修等；二是建立海外分校，课程和学生可以实现交换和交流；三是让毕业生可以拥有"全球通行证"，即实现学位和资格证书的国际互认；四是通过综合学习课程项目，使学生可以在澳大利亚和海外大学同时学习课程；五是开通在线学习课程。

总之，在课程设置方面，各国都采用开设国际课程的方式进行课程国际化改革，而且开设的国际课程多以人文社科类学科为主，似乎这类学科更容易被"国际化"。但是，各个国家在课程设置上还是体现出自己本国的特色。美国高校的课程设置把国际化维度很好地注入到了现有的课程体系和通识课程之中；澳大利亚的国际化课程服务于教育出口贸易，追求经济利益的动因明显，职业教育国际化更是发展迅速；加拿大高校课程设置的特色是与本地的国际事务组织机构合作，实现了本土化与国际化的结合；英国的高校希望与其他国家实现战略合作，通过海外办学的方式设置灵活多变的双学位课程，签订形式多样的联合培养项目。

中国高校在课程设置上，首先是增设了具有国际特性的课程，包括先后增设培养学生从事国际事务、管理、会计等国际职业的课程，诸如"世界历史""国际营销""国际关系""全球贸易""欧洲法"等，使整个课程体系呈现明显的国际性倾向；其次是加强了"双语课程"的开发和设置，为此许多大学建立了双语教学课程平台；再次是重视国际区域研究学科的建设；最后则是加快引进国外先进的原版教材。

（三）课程实施的比较

在课程实施方面，各国所采用的方法基本上都差不多，都十分重视网络课程建设和各种教学方法的运用。

由于网络信息技术的发展，在线学习、网络课程、网络大学成为各国课程国际化过程中都普遍采用的手段。这种手段减少了教师和学生在地理上的流动，可以节约大量成本，网络作为国际化的手段和工具被各个国家普遍应用。英国在网络学习和提供在线课程方面的努力有目共睹，其全球网络电子大学通过网络向全球学生提供英国高校的一系列课程。

在教学方法方面，各国普遍要求教师在课堂教学中融入国际维度，利用多元化的教学策略提高学生的能力。世界各国所采用的教学方法基本相同，包括案例分析、跨学科合作教学、基于全球问题的讨论和作业、网络电话等，如表5-5所示。

表 5-5　课程实施中常用的教学方法

教学方法	含义
案例分析	指教师可以列举别国的案例对当地政治、经济产生的影响，把国际案例与本地的实际结合起来。
跨学科合作教学	指不同学科的学生可以参与同一个国际研究课题和合作项目，这样不同学科的学生可以进行交流
基于全球问题的讨论和作业	在课程教学中可以让学生们就一些全球热点话题进行探讨，如有关全球环境水、石油、大气资源、全球网络犯罪、全球政治、经济等话题
网络电话指导	学生可以通过网络电话与其他国家教授或者学生探讨作业和合作的课题，以丰富看问题的视角

（四）课程评价的比较

高等教育与全球经济的关系越来越密切，海外分校或合作办学带来的有关学历、学位资格认证问题和教育出口带来的课程质量问题成为课程国际化过程中必须面对的现实。健全的课程评价体系对课程和教育质量是重要的保证，课程评价对高等教育课程国际化尤其重要。

为了确保其高等教育质量，英国政府形成了一整套完善的高等教育质量评估体系。英国高等教育质量保证署（QAA）在高校课程质量方面发挥了重要作用，它为英国海外机构课程质量和学位授予提供了保障。另外，它通过与世界上其他国际质量保障机构保持密切联系，监测报告高等教育国际化质量问题。澳大利亚大学质量保障署（AUQA）是一个独立于大学和政府的非营利性机构，它对大学质量进行评估，每年审核 6 所大学，5 年轮转一次，每次评估时间为 3 个月，在澳大利亚高等教育质量保障中发挥了重要作用。美国主要通过国际资格认证的方式来保证国际化课程的质量。此外，国外很多大学还建立了国际化课程内部评价机制，由学校、学院对课程质量进行自评与监督。

二、国外高校课程国际化的经验借鉴

通过对美国等几个国家的课程国际化发展进行分析，我们对于课程国际化的发展历程、发展特色、发展水平等均有了了解。接下来，我们就着重探讨这些发达国家课程国际化对我国的启示。

（一）明确课程目标，提升文化认同感

普遍来看，每个积极探索并推进课程国际化的高校都非常重视明确目标。因为目标为这项事业的发展提供了方向和指引，它代表着这项事业能够达到的终点。毫无疑问，课程国际化的目标在于培养国际化的人才，让他们能够在全球一体化的大背景下游刃有余，尽情施展自己的才华。不过，在追求课程国际化的过程中，我们决不能丢掉本民族的特色。这是从国外高校课程国际化的发展中所获得的首要经验。如果某个国家盲目追求国际化，忘记了自身发展的根本和一直滋养自己的血脉，是非常危险的。如果说课程国际化所带来的最大风险，那么就是导致下一代丧失了对本民族和本国文化的认同。这一风险对于发展中国家来讲，更加值得重视与警惕。

据国际大学协会的一项调查，众多发展中国家将"丧失文化和国家认同"视为国际化带来的最大危险。而这一条在发达国家的教育机构和高校管理者看来却无足轻重。究其原因，无外乎国际化教育的形式有所差异。发达国家以其先进的教学理念和优质的教育资源占据着教育国际化的主导地位，吸引着诸多发展中国家的学子前往深造。这种"输入"与"输出"的不均衡，必然导致发达国家的文化拥有更强的渗透性。故而，我国高校在探讨与制定课程国际化的目标时，必须以中华民族优秀的思想文化为立足点，不忘根本，才能使我国课程国际化之路走得更稳更好。

在实施高等教育课程国际化的过程中，我们必须认识到，在当今世界，各国高等教育已没有明显的国别界限，应该主动参与到世界高等教育体系中来，必须在全球化的时代背景下，整体设计本国的高校课程，形成本国特色的国际化课程。在具体实践中，应用型本科院校对于国际化课程体系的设计，完全可以从自身的发展现状、发展目标出发，重视本校课程的独特性和实用性，真正地摆脱束缚和限制，促进自身与他国课程的融合。当然，国际化课程的设计要尊重世界各国的文化，既要吸收国外的文明成果，又不能放弃本国特色。只有这样，才能培养出具有全球意识和国际化素质、具有一定国际经济理论知识和专业技能、与国际培养模式接轨的具有爱国主义思想的通用人才。

（二）创新课程设置，脱离旧有框架限制

在美国高校中很少能听到"专业"这个词汇，因为美国大学的本科生课程旨在给学生打下一个较为宽泛的学业基础，所以让每一个学生都确定一项"major"（通译为主修科目）。所谓"主修科目"指的是大学本科生为了获得学位集中攻读的科目，即提供给大学生的主要学科领域。每个学生只要选定了主修科目，就将大量地学习这一专业领域的课程，特别是在三、四年级更是如此。与之相对应的词是"minor"，即辅修科目。美国大学毕业生在找工作时，从来不说自己学的是什么专业，而是说他们主修什么科目，辅修什么科目，这实际上就是讲他们在学科领域的课程组合。

在美国大学里，大学生在一开始没有选定自己主修什么科目，是十分常见的现象。美国的高校开设的专业和课程都非常多，学生可以根据自己的兴趣、需要来选择。学生选择课程也很自由。一般必修课的科目较少，而选修科目较多。学生入学一年后还可以根据专业前景、就业趋势、教师水平和自己的能力要求，调换专业或转换学校，而学校会为学生提供方便，并且手续极为简单。这种灵活的方式，为将来大学生更好地就业打下了良好的基础。我国的应用型院校应该学习美国的课程设置思路，没有必要在人才培养方案里预先设定公共必修课是多少，专业必修课是多少，专业选修课是多少，可以将这些课程国际化措施按通才教育课程、专业课程和课程支撑三方面进行归纳和介绍。

（三）处理好本土化与国际化的关系

为了实现教材的国际化，教材编写者要以"全球化的眼光"来编写教材。不仅要站在学科的前沿，而且更要注意在案例的选择上吸收国外最新的东西，广泛采用外国的典范和案例来充实课程。当然，在这一过程中应用型本科院校也需要注意本国特色的问题，这需要对引入的国际课程加强质量监控和评估，确保引进课程的先进性和健康性。英国总领事馆文化教育处刘欣女士对国际化课程建设提出过自己的建议，她认为应当通过协作学习帮助学生了解其他国家的文化，让学生更多地从国际事务当中展开研究型主题的学习，所学的内容不只是目前中国学校开设的科目，还有科技、艺术、文化等各方面主题的融合。研究性学习的主旨是帮助学生具备一定的自己进行独立研究的

能力。此外，还应鼓励学生参与社区活动。她特别提醒校长们注意培养学生的公民意识："英国一些知名大学的申请表上，很多都要求学生填写参与了哪些社区活动，他们非常看重一个学生怎样考虑为国家和社会做出一定的贡献。"目前，英国总领事馆文化教育处也正致力于西南地区课程改革项目。项目的核心内容是学生们通过合作有所发现并分享观点，彼此交流后获得看待事物的新角度。课程共建项目既可以覆盖若干学科，也可以集中在某个学科。参与"课程共建"的学生通过一段时间的主题学习，获得跨学科的综合知识，进一步提升了观察、探究、合作等综合能力。学生们在协作学习的过程中了解他国文化，同时也更好地理解和展示本国文化，进而提高对研究"全球互相依存"等类似问题的兴趣。

（四）科学评价课程，保证课程质量

当今世界上大部分国家的人民普遍都已经能够接受高等教育，高等教育不再是局限于上层人士或阶级的奢侈品。而不论教育如何普及，教育教学质量问题都是各个国家教育界所面临的共同问题。从各国的成功经验和失败教训中可以看到，质量是教育最重要的一个方面。无论美国、英国、还是加拿大、澳大利亚等国，都在保障教育质量问题上投入颇多。拿英国来说，其一直将课程质量视为高等教育的头等大事，高度重视对课程展开科学的评价和评估，以此才树立起了自己在高等教育领域的世界名望，吸引了世界各国的学生前往留学。而澳大利亚的教育课程国际化历程则更能说明课程质量的重要性。在发展过程中，澳大利亚一度过度追求课程国际化所带来的经济收益，致使教育的天平失衡，课程质量严重下滑，已经树立起来的教育声誉大打折扣。所幸澳大利亚及时认识到问题的严重性，通过较为完善的课程质量评价体系，扭转了这种失衡局面。

世界上还存在不少能够授予国外假学位、办理国外假证书的违法团体，他们的存在给跨国教育带来威胁的同时，也对世界各国的课程国际化提出了挑战。因为涉及国与国之间的学位认证，如果不将认证体系与流程建立好，则无从确认学位的真假。因此，世界各国都应当建立并完善自己的课程评价体系。对于我国来讲，要从内部和外部两个方面加强课程评价体系的建设。在内部，要对国际课程的开发、实施、反馈等过程进行监督并收集相关信息；在外部，要通过国际化的课程评价指标明确高校课程教育质量。唯有确立科学明晰的评价体系，我们才有可能掌握课程国际化的发展动态与已经达到的发展水平，以便做出对内部和外部的积极调整与有效应对。

（五）增加课程跨国流动，促进人才双向流动

课程国际化的日益发展，必然会带来国家与国家之间的人才流动。在这之中，人才的流失是不可回避的问题，尤其是对于发展中国家而言，很多人才到发达国家留学后，往往比较倾向于留在国外。这无疑是不利于国家的现代化建设的。因此，有人曾说，发展中国家和发达国家在课程国际化进程中的收益大为不同，发达国家投入很小的成本，获得了大量优秀的人才，而发展中国家却经常"白忙活儿一场"，辛苦培养的人才最终却没能回到国内，以自己的知识和学养推动祖国的发展。不过，虽然发展中国家的确存在人才流失到国外的现象，但这也只是一小部分学生。因为能够留学的学生本身就不多，很多学生还是会选择在国内学习，而当前日益先进的信息技术发展，也为学生在国内接受跨国教育提供了便利条件。发达国家通过在其他国家设立分校、提供网络课程等，传播并推广自己优秀的国际化课程，让海外的学生能够在自己的国家就拓展自己的国际化学术视野，了解到相关学科在发达国家的进展等。对于我国而言，更应该将我国优质的跨文化课程推广出去，让外国学生通过这些课程了解中国的文化及各学科的发展，对中国文化产生兴趣，吸引他们来中国学习。由此，便能够形成以课程促进人才双向流动的机制。

（六）实行完全学分制，完善学分互换机制

国外不少高校实行学分制。目前，在欧洲实行的是欧洲学分制。这一学分制度的规定如图5-5所示。

根据欧洲学分制，学生获得学分的方式除了正常的课堂学习外，还包括自学所用的时间、完成课堂内外作业所用的时间、参与相关课外实践活动所花费的时间以及考试所占用的时间等。可以说，欧洲学分制更加贴近于学生的学习活动，它以结果为导向，推论出要完成某项学科内容学生们所需要花费的时间，再逆向推出需要多少学分、多少小时。这种量化的形式更加科学，也更好在实际教育中执行。

然而，在我国，不仅应用型本科院校没有统一的学分制度，而且研发型

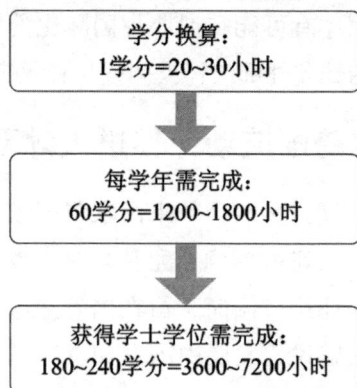

图 5-5　欧洲学分制

本科院校也没有统一的学分制度，对学分的概念也没有权威的规定。应用型本科院校学生的学分虽然都在 160 个左右，但基本上还是按学生所修基础课、专业基础课、专业课的课程来计算的。学生为完成学分，不得不花费绝大部分时间在课堂上，而无法更多地参与到社会实践中，严重影响了学生的自主学习和自我发展。为此，我们应当尽快建立健全统一的学分制，加快应用型本科院校课程的国际化进程。

第六章 高校课程国际化：
实施战略与保障措施

　　课程理念、课程目标、课程内容、课程实施过程、课程评价的国际化是高校课程国际化的主要内容，也是高校课程国际化的实施战略与保障措施。本章主要对这五方面进行详细分析。

第一节 课程理念的国际化

　　在高校课程国际化的规划与实施过程中，确立正确的课程理念是一个重要前提。传统的课程理念显然已不能满足高校调整国际化建设的需要，因此，高等教育课程国际化，首先是课程理念的国际化。高等教育课程国际化要求高校将课程置于全球化的时代背景下进行整体设计，关注人类共同的利益与命运。各高校不但要遵循国际标准建立课程管理的规范和制度，以便在世界高校课程体系中进行有效沟通、往来和对话；而且还要以多元文化为基础，突破传统文化和文化"西方中心论"的束缚，展现本土文化与国际文化的融合。我们应该认识到当今世界，高等教育已不能再局限于本国传统格局之中，应该主动参与到世界高等教育体系中去，必须将本国的高校课程置于全球的时代背景下进行整体设计，既要保持本国的特色与优势，又要吸收其他国家高校课程中的精华。在具体实践中，各高校应该根据自身的实际情况设计出符合国际化要求的课程体系，这样才能真正融入国际化的高等教育体系中，并与其他国家的高等教育体系中的课程互相促进，共同发展。

　　根据相关调研显示，许多高校都认为课程理念的国际化的核心是培养国际型的应用人才以及实现中外课程的交叉融合。这充分体现了国内高校对高等教育课程国际化理论的实用化倾向，也说明目前我国大多数新建本科高校对课程国际化的认识已有很大提高。但课程国际化不能仅仅停留在口头上，也不是简单地等同于引进国外教材、开设双语课程等实践手段。课程国际化理念应贯穿在人才培养定位、课程设置、教材运用、教学组织等整个教学过程与各个培养环节之中，而这恰恰是我国一般本科高校的薄弱所在。总体来说，课程国际化观念是高校课程国际化建设的重要前提，我国高校在课程国际化的进程中还需对此加大重视力度，以建立起正确的课程国际化意识和观念，为我国高校课程国际化的顺利实施提供方向和引导。

第二节　课程目标的国际化

课程目标的国际化就是强调大学课程应该满足未来国际社会对高等教育的普遍认识，是课程国际化内容选择与组织的依据。课程目标达到国际化的要求，有助于明确课程内容的选择、组织以及课程编制的方向，同时还可为课程实施和课程评价的国际化提供主要依据。本节主要以高等工程教育为例来分析课程目标国际化。

一、高等工程教育课程目标国际化的依据

（一）学生需求

教育是一种改变人们广义行为模式的过程，包含人的思维、情感以及外显的行动。教育目标则代表了教育机构力图使学生产生种种行为变化的意图。而对学生的兴趣、现有知识基础、未来规划等方面的分析，是高等工程教育课程国际化目标制定的重要前提。

第一，要了解学生的兴趣爱好和需要。所以，在制定课程目标时一定要调查学生感兴趣的领域与环节，如学习国际工程前言理论、使用国际先进设备仪器、与国际工程界一流大师接触等。通过调查分析，再结合学校的实际情况给学生提供最好的学习条件。

第二，根据学生的基础能力提供有针对性的课程。通过一次简单的测试来了解学生的基础知识储备，比如外语能力、专业基础知识的掌握程度、对国际工程类知识的了解程度等，然后根据每个学生的情况安排有针对性的课程。

第三，找学生进行谈话，了解他们对自己未来的规划。每一位学生对自己的人生规划肯定是不一样的，比如：有的想出国、有的想考研、有的想就

业等。由于每一位学生的人生规划不一样，其发展趋向自然也不一样，所以他们对课程国际化的要求也是不一样的。比如，想出国的同学肯定是想先熟练地掌握外语；想考研的同学肯定是想先了解国际上的先进工程教育理念、理论；想就业的同学肯定是想把自己所学到的东西与实际相结合起来，为今后进入优秀的公司做好准备。学校在了解到学生的需求之后，就不会出现因忽略学生的差异而导致培养出来的学生学习能力不足、独立思考能力不足、实践能力不足、沟通和人际交往能力不足、创新思维不足的现象。

（二）社会需求

"教育方法和课程正在发生的变化与工商业的变化一样，都是社会情况改变的产物，都是为适应正在形成中的新社会所做的努力"。自古以来工程师就比较重视解决社会问题，并主动了解客户需求，努力将新产品、新工艺和新系统投入使用。因为工程的最终目的就是将"解决方案"交给客户，以保证客户和社会需求的满足。

高等工程教育作为支持国家工业化、城市现代化的智力保障体系，对社会经济的发展有着积极的推进作用。而社会的经济发展对高等工程教育的发展也起着决定性的作用。高等工程教育发展的速度与规模受制于经济发展，如经济社会可通过对工程人才需求结构或工业经济经费投入的调整，对高等工程教育的人才培养提出具体要求，使高等工程教育的教学内容和手段发生改变。高等工程教育课程国际化目标的制定需与国际社会对工程人才的需求及国际大环境能提供的资源结合起来。高等工程教育课程目标的国际化制定，可借鉴各大跨国企业、国际合作项目组对人才招聘的要求，总结社会对国际化工程人才的具体需求，包括外语掌握程度、理论掌握程度、参与国际项目程度及其成果、团队能力等。利用国际大环境提供的资源，是指在已有的世界各高校工程教育国际化实践中吸取经验，也可从世界范围内的跨国企业人才培训工作中提炼有价值的资源，并融入到高等工程教育课程国际化目标的制定中。总而言之，需要利用一切可用资源，为拟定高等工程教育课程目标的国际化提供丰富的信息来源。

（三）学科专家

根据调查，大部分学校使用的课程目标都是经过学科专家提议出来的。

虽然有不少人认为学科专家们提出的课程目标对当前的学生来说技术性与专业性都太强，很不适合他们使用，但是，高等教育就是为了研究高深学问，如果没有学科专家的意见与介入，那么所研究出来的高深学问的说服力就会大打折扣。所以，高等工程教育课程目标的国际化制定需要有关的学科专家提出一些关键性的意见。

为了从学科专家那里获取宝贵的意见，通常有以下两种办法。

（1）直接咨询，征求意见。通过参加研讨会的方式将工程领域内的学科专家集合起来，向这些学科专家们咨询一门学科如何在保持原有的结构框架上发展国际化建设，如何在课程内容中增加国际化内容，并记录这些学科专家对这一方面提供的建设性意见。

（2）间接参考，吸收意见。通过阅读一些学科专家们发表的论文以及学术报告，从中理解如何建设高等工程教育课程国际化，并总结其中的经验与建议。还可以参加一些与高等工程教育相关的学术论坛，深刻感受下国际工程教育领域中最前沿、最新的课程教学方法以及思维方式。

二、高等工程教育课程目标国际化的内涵

（一）知识与能力：掌握工程领域国际化知识、具备国际化工程实践能力

在高等工程教育国际化的过程中，知识与能力主要是指学生具备的各种国际化方面的知识与必备的实践能力。

高等工程教育所培养的国际化工程人才需要具备很多知识，其中包括。

（1）数学或逻辑学的基础知识。这些知识可以让学生形成严密的逻辑思维。

（2）扎实的专业基础知识。除了理论知识还包括实践操作所需要的知识。

（3）外语知识，熟练地掌握一门外语可以轻松地进行跨国沟通。

（4）不同国家的历史文化知识。掌握这些知识可以让学生尊重不同国家的历史文化，并理解其中的文化差异。

（5）掌握最前沿的相关专业国际化知识，以及本专业的最新发展情况与

国际研究中的最新成就等。

所以，高等工程教育所培育出来的国际化工程人才一定做好了充分的准备，来进行跨国合作与跨国交流。

高等工程国际化人才除了需要具备以上知识外，还需要具备一定的能力，其中包括：国际化的团队合作能力，能够与不同国家的人员在一个团队中协调合作，真正意义上做到跨国家、跨学科；与不同国家人员的交流能力，能够与不同国家的人进行无障碍的交流，有利于团队合作；终身学习能力，要让学生具备不断学习新知识的好习惯，并且能够不断接受新鲜事物；创新能力，要求学生具备敢于创新、勇于探索的精神；分析问题与解决问题的能力，让学生养成思考问题的好习惯，并能在国际合作与交流中发现问题、提出问题、解决问题；实践能力，在国际化的交流与合作中，要培养自身的国际意识与国际化的实践能力。

（二）过程和方法：能体验工程教育课程国际化的学习过程和方法

在高等工程教育课程国际化的发展进程中，过程和方法主要是要让学生体会到其中的学习环境的国际化以及交往的国际化，并且还要适应国际工程教育提出来的学习方法并为之所用。

与一般的工程教育相比，高等工程教育课程国际化给学生带来了不一样的体验。其让学生在掌握最基本的国际化工程教育知识后可以在知、情、意、行四方面有国际化的体验。在国际化高等工程教育过程中，让学生掌握国际化的工程教育知识，体验国际性的交流与合作，这样会让他们产生一种自己所学的知识与世界工程紧密联系的自豪感。

在实施高等工程教育课程国际化过程中，不仅要全面调动学生的积极性，还要改变以往的教学方式，不能一味地进行灌输式教学，要让学生主动去学习新知识，并掌握最新的学习方法。通过改变教学方式不仅可以帮助学生养成自主学习的好习惯，还可以让学生掌握自主学习的好方法，让学生在轻松自在的环境下接受高等工程国际化教育。

（三）情感态度价值观：具备国际化视野、国际理解

情感态度价值观是指：学生通过高等工程教育课程国际化的学习能够最

终形成国际精神、国际视野与国际理解。

情感态度是指学生能够产生对高等工程教育课程国际化内容的学习兴趣，学习责任，形成对待知识的科学态度以及对待不同文化的理解态度。具体表现为：克服狭隘民族主义的同时，拥有广阔的国际视野和全球意识；有一定的国际知识，尊重外国的风俗和宗教信仰，能够突破文化差异的障碍，吸取人类文明的优秀成果。价值观不单是个人的价值，而应当是个人价值与社会、世界价值的统一，科学与人文价值的统一，人类与自然价值的统一。让学生不仅具备知识与能力，更要让他们产生对美好的向往、对和谐的追求。具体表现在：国际化工程技术人才不仅掌握国际化工程知识与能力，更加要有社会责任感，关注全球的共同问题。在具体的实施中，可通过将大学生的科技活动与世界共同关注的问题结合，帮助学生关注全球问题，逐渐养成这种多重统一的价值观。由微软赞助的"微软创新杯"就体现了这一点。

三、高等工程教育课程目标国际化的结论

（一）多方考虑确立高等工程教育课程国际化目标

在高等工程教育过程中，确定国际化目标是最为重要的，这是因为它能够决定高等工程教育课程的框架结构和主要内容。所以，这就需要在高等工程教育课程国际化建设过程中明确以下几方面内容，分别是：培养国际化的工程人才的目的、培养出来的工程人才应具备的素质以及工程人才的主要服务对象等。只有将这些问题全部考虑清楚，制定出来的高等工程教育课程国际化目标才更加合理、更有价值。

高等工程教育课程国际化是一个复杂的系统，里面有很多利益的相关者。首先，学生作为课程的接收者，自然而然与课程的关系非常紧密，所以在制定课程目标时，一定既要结合学生的年龄、兴趣爱好、基础知识等方面，也要考虑学生本身的差异、实际需要以及长远利益。其次，作为学生的家长，更是对学生和学校有着较高的期望，所以，在制定高等工程教材课程国际化时要把家长这一方面的因素考虑进去。再次，工程教育本身就与科技进步、社会发展有着一定的联系，而且工程教育所培养出来的人才一定要适合国家、地区的经济发展。最后，课程的设置要符合行业的需求，这是因为大部分的

学生在毕业之后肯定会进入企业的，所以高等工程教育所培养出来的人才如果不能与相关企业相对接，那么所培养的国际化人才的价值就得不到有效的体现。

高等工程教育课程目标国际化的制定需要考虑多方面的需求，如学生、家长、社会、行业等方面的需求，并在此基础上利用可以培养人才的各种资源，如学校与跨国公司、企业合作等，为学生提供实践基地，让学生可以感受到国际化的办公氛围与实际操作，并且还要帮助学生参加各种地区与国际的工程类合作项目，以促进他们的团队意识与合作能力。只有这样，培养出来的国际化人才才能具有国际视野，通晓国际规则，并为工程发展做出贡献，进而推动当地经济的发展。

总而言之，高等工程教育课程目标的国际化制定只有建立在考虑各方的利益与需求及调查的基础之上，才能制定出有效的课程目标。

（二） 建立具有可操作性的高等工程教育课程国际化目标

高等工程教育课程目标的国际化是高等工程教育课程体系中的核心内容，因为课程目标是高校教育目标的具体化，是培养目标在课程设置中的具体反映。要让高等工程教育课程目标的国际化能够贯彻，就需使之有具体化、可操作性的特点。所以，高等工程院校应该根据自己学校的实际情况，在世界各国提出的高等工程人才国际化标准的基础上，制定出更加适合自身发展的课程目标。

高等工程教育课程目标的提出并非是笼统的，而是需要将其中具体的内容细致、分层次地提出来的。当然，在提取的过程中可以借鉴当今国际通用的认证标准。只有这样，培养出来的人才才具有国际化视野。比如，工程师能力标准可以分为：熟练掌握专业技术知识、可以保证产品的质量并进行维护、可以充分利用技术信息和统计分析、具有很强的沟通能力、继续本专业的深度研究、具有创新的能力、掌握流利的外国语言等。

高等工程教育课程目标的国际化应该与课程设置直接挂钩，让专业课程与通识课程直接服务于课程目标。这样就可以根据所制定的能力标准，设计相对应的课程体系规划。通过了解专业课程、通识课程与课程培养目标之间的关系，就可以设计出能培养学生某一项能力的课程。把能力的培养和与之相对应的课程用一种直观的方法表现出来，这样便于学校、院系进行参考，制定出更加合理的课程。

（三）不同层次高校工程教育课程国际化目标定位不同

由于社会对人才的需求类型是不一样的，所以不同的高校在培养人才方面的特点也是不一样的。重点本科高校和一般的院校对人才的培养也是不一样的。重点本科工程院校与一般的工程院校相比，有很大的优势，比如：教学条件、生源质量以及所掌握的社会资源等方面。而且研究型大学与教学型大学的办学定位、课程目标有很大差异，所以培养出的人才也是有很大差异的，不能按照统一的指标进行评比。所以，各类工程院校应该根据自己学校的实际情况制定课程目标，这样不仅能适应社会对人才多样化的需求，也能促进高等工程教育事业的发展和工程教育国际化的进程。

各所工程院校应该根据社会需求、个人意愿、所处环境的不同来制定国际化课程目标。社会需求，其实就是指能不能适应社会的发展，满足地方行业的需求，是否具备跨国公司对员工的要求。不同的高校所制定的培养目标不同，重点高校重点培养理论研究型的国际化人才，在未来与团队一起研发国际化的产品，一般院校则是培养动手能力较强的国际化人才，能够在未来的国际化项目中充分发挥动手能力。个人意愿，其实是指学生的不同兴趣、不同的知识基础以及不同的未来规划。各院校应根据学生的实际情况设置课程目标，有的同学想要考研，那就要培养他们系统的国际化知识体系；有的同学想要就业，那课程目标的制定就要考察他们与国际接轨的能力。不同的学校所掌握的资源以及所处的环境是不一样的，像一些重点高校，他们掌握的资源非常丰富，国际化程度相对来说就比较好一些，就会有更多的机会接触到国际高等工程教育先进理念，还有很多出国实践交流的机会，所以对这类高校的课程目标的国际化定位就相对较高，并且对学生的国际化要求相对要高一些，衡量标准也相对多一些。一些普通的院校由于国际化程度比较低，与国外先进教育理念交流接触的机会不多，所以在制定课程国际化目标时不要好高骛远，一定要在自己力所能及的范围内尽量培养学生的国际化能力，竭尽所能地为学生提供一些接触国际化的机会。所以，不同的院校应该根据自己学校的实际情况，制定出适合本校的工程教育课程国际化目标。

第三节　课程内容的国际化

一、高校教育课程内容国际化的内涵及其体现

课程内容是构成课程的基本要素，反映了与课程相联系的价值观念、结构观念和设计观念。在国外课程理论中，关于课程内容的概念及内涵主要有两种观点：其一是，课程内容即课程所包含或讲授的事实、观点和重点问题，其中包含着课程技术化倾向；其二是认为，课程内容不仅仅表现为学校或其他教育机构向学生传授的知识，而且反映社会权利控制法则，其中蕴藏着课程社会学倾向。这两种观点都把课程内容局限在间接经验或理论知识上，具有一定的片面性。实际上，我们可以把课程内容看作一系列直接或间接的经验的总和，这种经验体系和知识体系根据课程目标而有目的地做出选择，并依据特定的逻辑加以组织和编排。根据课题组对浙江多所高校的调研情况发现，大部分高校除了认为国际化课程的内容应该涵盖对本专业的国际发展形势的了解与掌握、其他国家经验在本土的应用之外，还认为课程内容应该使学生具备获取国际性专业资格证书的能力或使学生获得国内外联合学位或双学位，一定程度上体现了国内高校对高等教育课程内容国际化的实用化倾向。

尽管人们对课程国际化的认识尚未统一，但人们普遍认同课程内容的国际化，并认为它是培养学生在多元化环境中生存的重要环节，也是课程国际化最基本和最核心的方面。在调研中，课题组要求每所院校按照课程国际化的重要程度为课程理念的国际化、课程目标的国际化、课程内容的国际化、课程组织与实施的国际化、课程评价的国际化、课程管理的国际化等六项指标进行排序，排第一的为 6 分，排第二的为 5 分，依次类推。结果发现，课程内容的国际化平均得分为 4.5 分，仅次于课程目标国际化的 4.75 分，可见国内高校对课程内容国际化的重视。

在世界经济合作与发展组织（OECD）归纳出的 9 种类型的国际化课程中，无论是哪一类国际化课程，都必然涉及的一个重要问题是课程内容的国际化。目前发达国家的高校一般主要是通过以下三种途径达到课程内容的国际化要求。

（1）开设世界历史、国际关系、异域文化等国际教育课程，当然亦可涉及国际贸易、国际法律等相关领域。

（2）通过向已有课程中增加有关国际背景介绍、国际案例援引等国际化内容，强化高等教育课程内容的国际化导向。

（3）以战争与和平、社会不平等与法治等国际问题为主线实施课程内容的国际化，重点增强学生的国际意识和全球观念。

课程内容的国际化在高校国际化人才培养中占据着举足轻重的地位。总体来说，国际化课程内容具有以下四个显著特征。

（1）课程内容"宽基础"。未来社会变化节奏越来越快，这就要求高校对课程内容和结构给予足够的灵活处理。

（2）科学与人文两项教育内容同等重要。爱因斯坦曾经说过："只教给人一种专门的知识和技术是不够的，最重要的是借助教育得到对于事物和人生价值的理解。"所以高校应对科学教育与人文教育在课程内容中的平衡加强重视。

（3）课程内容向世界问题开放，以便扩大国际视野和增强世界意识。环境、人口、贫穷、战争等诸多世界问题，具有普遍性、整体性、复杂性、深刻性和严重性等，已不是任何一个国家所能独立解决的。开放关于这些方面的课程内容，能有效扩大学生的国际视野，增强他们的世界意识。

（4）直接利用海外优秀课程资源支撑课程内容国际化，建立立体化课程资源库，并不断吸收和补充能够真实反映本学科前沿的最新研究成果。

二、我国高等教育课程内容国际化的现状及实现途径

（一）我国高校课程内容国际化的现状及问题

随着高等教育国际化逐渐被我国教育界所重视，我国的高校课程体系涌现出了大量的国际化现象。

（1）开设与本专业关系密切的国际教育课程或关注国际主题的新课程，如法学专业开设国际关系课程、经济学专业开设国际贸易课程等。

（2）授课教师或课程编者主动在课程的教学中注入国际化内容。如在已

有的课程中增加一些国际方面的内容，或在某课程的一些章节引用国外教材的相关内容或引用当前最新的研究成果等。

（3）使用国际通用教材和进行双语教学。如南京大学组织各院系对2000多门专业课程与美、德、英等20多个国家和地区100多所高校的4000余门相关课程作了系统比较，并在此基础上新增或更新课程1000多门，建设双语教学课程300余门。

（4）有计划地集中开发和落实国际化课程。如清华大学为了使其在全国居领先地位的计算机学科加快课程国际化进程，直接引进国外一大批先进的计算机学科的原版教材或使用国外教材的中译本，从而使清华大学在计算机学科的课程设置、课程评估、教材体系和教学手段等方面在国内处于领先地位。

（5）学生跨国选修课程，各国高校间互相承认文凭和学分。这种选修课程的学习又可通过两种方式来实现，其一是远程教育，其二是互派教授实地授课。据教育部国际合作与交流司网站数据显示，至2008年底，与我国签订相互承认学历学位协议的国家和地区增至32个。近年来，一些地方性高校甚至独立学院也相继加入"学分互认、学历互认"的热潮，这非常有助于学生跨国选修课程。

（6）与国外高校间建立校际联系与合作，实行"交换生"制度，互派学生到国外地方高校学习一段时间。如湖北经济学院、浙江越秀外国语学院等普通本科院校，每年均有批量学生通过这一方式获取接受国际化课程和感受国外高校氛围的机会。

目前，我国高校也已经开始重视课程设置与课程内容的国际化，并采取相关措施促进课程内容的国际化进程。如调整和增加了与国际经贸、科学技术交流有关的课程，强调课程内容的通识性与实践性；通过中外合作办学的方式，直接使用国外课程等。但是，目前我国高等教育课程国际化还存在不足的方面，分别是。

（1）缺少法律和制度保证，以致课程内容国际化的规范性难以保证。

（2）具有国际化内容的课程的开设还处于分散状态，不同高校以及不同地区之间发展极不均衡。

（3）以全球视角编写的教材和开设的课程还不多，这对提高课程内容国际化的内涵和质量形成了较大的制约。

根据课题组对浙江多所高校课程内容国际化的调研，结果显示：与国外某个或某些区域相关的研究课程已经趋于稳定和成熟，体现国际学科特征的课程、海外教师讲授的课程基本处于执行发展阶段；致力于培养学生国际职业素质的课程、培养跨文化交流与交际能力的课程正在从执行发展向稳定成熟的阶段进行跨越，专门针对海外学生或国际留学生设计的课程亦基本处于从初步规划向执行发展的跨越阶段；而通过国际比较和借鉴使得传统课程内容得以延伸的课程、培养学生获取国际专业资格的课程尚未起步或刚刚起步。这些情况表明，我国高校课程内容国际化的发展仍居于较低水平。

（二） 高等教育课程内容国际化的实现途径

学术界普遍认为，应在课程中增加国际化的内容以培养学生在国际化和多元化环境中生存的能力。这里关键的是增加什么、怎样增加才能形成具有特色的国际化课程体系。笔者认为，对于高等教育课程内容国际化的实现途径主要包括以下几个部分。

（1）注重高等教育课程内容国际化的学科专业选择。首先，应优先选择理学、工学、农学、医学等学科，包括数学、物理、化学、生物、计算机、电子等相关专业。其次，应优先选择经济学、管理学、法学等学科，包括西方经济学、产业经济学、区域经济学、国际金融、国际贸易、工商管理、财务管理、市场营销、国际商法、国际经济法等相关专业。最后，应优先选择通识教育课程。逐步实施高等教育课程内容国际化。

（2）加强高等教育课程内容国际化的方式方法运用。从目前我国高校课程内容国际化的实践来看，我们认为高等教育课程内容国际化的方法主要可以归纳为三种，即注入法、专设法和项目法。在具体实践过程中，可以根据实际情况，把这三种方法结合起来加以运用。其中，注入法（或称融合法）是将国际化的内容注入或融合到已有的课程里去；专设法，即通过开设专门的国际教育课程来讲授国际知识内容；项目法，即以开展各种各样的学术讲座和开展一些国际交流计划和活动（其中学生和教师的国际交流和互换活动是两个主要的方面）等来培养学生。

（3）完善高等教育课程内容国际化的配套措施。除了做好高等教育课程内容国际化的学科专业选择，以及高等教育课程内容国际化的方法方式择取之外，我国高等学校还应实施相应的配套措施，确保课程内容国际化目标的实现，主要包括以下四点：将课程内容国际化纳入学校的发展规划；优化资源配置与条件保障；加强单门课程以及课程群的研发与建设；培养和建设一支具有国际视野的外向型师资队伍。

第四节　课程组织与实施的国际化

高等教育课程国际化目标的实现和课程内容的付诸实践，最终有赖于课程实施这一重要环节。高等教育课程国际化的实施主要围绕教与学两方面展开，一般可通过创设国际化的教学环境、采用国际通用语言、运用现代化的教学方法和应用现代教育技术四方面来确保课程国际化的实施。

（1）各国高校可以通过多种途径创设国际化的教学环境，营造国际化的学习氛围。

（2）高校可通过招收海外留学生和引进外国专家带来异国的文化与习俗，促进国与国之间文化的碰撞与融合，增进相互的宽容与理解；而派遣到海外学习与研修的师生带回的经验，也能有助于该校更好地认识和理解异国文化。

（3）作为国际化的语言，英语在国际交流中至关重要，高校可以用英语授课，讲授国际化课程。

（4）在教学方法上改变"讲听式"的教学模式，根据课程内容和学生特点，灵活运用启发式、研讨式、过程导向式及任务驱动式等多种教学法，结合国内外典型案例进行分析探讨，从而拓展学生的思维和认识，激发学生的创新意识。

在高等教育课程国际化实施过程中，应在分析、比较、筛选和鉴别的基础上，逐步将国外优秀文化成果和科技精粹融入本土学科专业设置和国内课程教学实践中来。它不仅强调民族经济文化和全球经济文化的有机融合，更体现在国家民族精华和国际有益知识的兼收并蓄。简而言之，国际化课程的目的不在于培养学生狭隘的爱国情感，而重点在于培养其国际视野和全球意识。目前，我国高等院校存在的主要问题之一是课程引进与输出之间的不平衡，这不仅表现在课程模式设置上，而且表现在课程内容安排上，更多地是以发达国家和地区为标杆，通过学习、借鉴和引进他国的优秀课程资源，甚至不少高校直接运用国外原版教材进行教学。在吸收引进过程中，不局限于本国传统格局，主动参与到世界高等教育体系中去，这一点无可非议。但是也应该考虑到中国目前国情和校情的不同，以及学生文化背景、思维方式、知识结构的差异。在课程国际化理论与实践的探索道路上，必须充分意识到这个问题，只有建立科学合理的课程国际化的实施模式，才能使课程真正地实现国际化。

接下来，我们以高等工程教育为例来分析课程组织与实施的国际化。

一、高等工程教育课程实施国际化的三种模式

课程实施是指课程计划付诸实践的过程，是达到预期教育目标的基本途径。课程专家富兰、辛德等人将课程实施的取向归纳为：忠实、相互调适和缔造三种取向。根据现实情况可以将高等工程教育课程国际化的实施分为以下三种模式。

（一）保守模式（忠实取向）

忠实取向，其实就是按照原本的计划执行的过程，也就是按照原本的计划内容开设相关的课程。这种模式缺乏主动性与积极性，是对课程实施简单、具体的变革。

保守模式，主要是指高等工程院校仅仅根据国际高等工程院校的发展趋势以及国家的相关政策，对课程的内容进行简单的变革，以此来实现课程国际化。比如：每一所高校都根据国家教育部发布的《大学英语课程教学要求》，将英语设置成全校公选课，这样有助于学生提高英语的听、说、读、写与国际交往能力；在以往的教育课程中添加一些体现国际性与前沿性的课程内容；在建筑学中添加一些关于世界能源问题的研讨，这样有利于培养学生的国际视野以及对国际问题的关注度；聘请外籍教师为学生讲课、开讲座、专题报告，让同学更进一步地了解到其他国家的历史、文化、国情等。

（二）渐进模式（相互调适取向）

相互调适取向其实就是课程实施的一个动态过程，在课程实施的过程中，根据实际情况不断地对课程进行调整。这种模式比忠实模式更加具有主动性，其中会涉及教学方法、教学内容的变革。

渐进模式其实就是各所高校根据本校的实际情况，主动改变课程的教学

方法、教学内容等。如开设双语班，在整个教学过程中都使用外语，逐渐让学生的专业学习与国际工程教育的专业学习接轨；与国外的大学或者机构实行联合办学，然后一起开设课程、学分互认、共同参加项目等。将国际化的内容融入高等工程教育课程国际化的人才培养中，帮助学生到境内外的国际性企业实习，这样不仅能开阔学生的视野，还能提高学生在国际化环境中的交流与合作的能力。

（三）创生模式（缔造取向）

缔造取向其实就是关注课程实施中师生的主体意识，并认为课程不是提前预先设定的，而是由教师和学生共同缔造的，这种模式是对整个课程体系的变革。

创生模式，是指高校不仅根据自身的校情选择适当的课程国际化实施方式，而且能结合课程内部规律与国际工程教育课程国际化的发展趋势，创新出课程国际化实施的有效方式。高等教育课程国际化是高等教育发展的必然趋势，要较高程度的实现课程国际化需要大量的资源，如较高水平的师资、教材等。但资源是有限的，要提高高等工程教育院校的国际化程度，就需解决资源问题。当今世界较为提倡的一种方式，就是利用网络解决资源问题。各国的学生通过互联网聚集在一起解决问题，学生可以在自己的国家完成一个项目，也可在国外完成类似项目。如欧美的一些大学依托迅速发展的信息技术，利用互联网共享教学资源，通过网络开放课程的开设，让一流学校的师资、课程等优质教育资源在全世界范围内得以流通。

二、高等工程教育课程实施国际化的影响要素

（一）高等工程教育课程国际化本身的特性

高等工程教育课程国际化的实施就是把高等工程教育课程国际化的计划付诸实践的过程，所以课程实施的成功与否与课程计划本身的好坏有着十分密切的关系，课程计划是影响课程实施的一个重要因素。其特性主要有以下三个方面。

（1）科学性。课程计划是经过多方面地征询意见，在保证学科专业性与

社会应用性的基础上制定的。通过咨询学科专家，保证课程计划符合学科发展的规律。在高等工程教育的专业基础课、通识课、实践课中添加国际化内容时，要多方征询意见，保证课程计划既符合社会需求，又不破坏专业课程本身的知识体系结构。

（2）易推性。每所高等工程类院校应该根据自身学院的实际情况，充分考虑所掌握的资源、师资的构成、学生的意愿等多个方面。然后针对实际情况量身定做课程计划，以保证课程计划的可行性和易推广。如北京航空航天大学的中法工程学院，充分利用与法国合作的机会，吸收法国能提供的优质资源，结合学院本身的师资、课程等实际情况，创设出独具特色的国际化课程计划。

（3）价值性。高等工程院校所制定的高等工程教育课程国际化的课程计划必须优于普通的课程计划。高等工程教育课程国际化的课程计划较一般的课程计划而言，不但要保证学生掌握工程知识与技能，更要使学生具有国际化的工程视野，适应国际化的环境。如 MIT 的课程计划，以培养通识人才为基础，重视对学生国际化能力的培养。它的课程计划不仅对培养本校学生的国际化能力有重要价值，而且对其他高校的国际化课程也有借鉴价值。当今世界很多国家的工程类院校都在研究 MIT 的课程计划并结合实际，改进自身的课程计划。

（二） 高等工程教育课程国际化的交流与合作

课程的交流与合作，包含编制者与实施者之间、实施者与实施者之间的交流与合作。定期的交流课程内容有利于课程实施的成功，高等工程教育课程国际化的交流与合作主要体现在以下两个方面。

（1）高等工程教育课程的制定者与实施者之间的交流与合作。即制定高等工程教育课程国际化计划的学校和教师之间的交流与合作。制定者与实施者之间的交流，有利于制定者了解学校当前课程国际化的发展情况，制定合理可行的课程计划；其次，课程制定者向实施者交流课程实施的价值取向，能为之提供有利的实施经验，传递其他高校或地区的建议，加深课程实施者对课程内容的理解；而实施者之间通过实施经验的交流，有利于了解各自在高等工程教育课程国际化实施中存在的问题，并分享有价值的经验，最终促进课程实施的成功。

（2）高等工程教育课程国际化世界范围内的沟通与交流。高等工程教育课程国际化，主要是通过世界范围内知识与技术的交流与合作，以实现国际工程教育资源的共享，达到课程国际化。因此，高等工程教育课程国际化的交流与合作是影响课程实施的重要因素。美国高等工程教育院校的课程国际化实现方式，就体现了很多方面的交流与合作。如为学生创造留学机会、将老师或学生与其他机构交换、邀请外校教师举办讲座、开设海外学位课程和国际联合课程等。世界范围内的交流与合作，有利于更多课程国际化资源的分享和流通，并对进一步的课程国际化建设也有所助益。

（三）高等工程教育课程国际化实施的组织和领导

课程的组织和领导，是指有关部门和领导对课程计划实施的领导、组织、安排等一系列工作及各种规章制度。高等工程教育课程国际化实施的组织和领导主要表现在以下两个方面。

（1）高等工程教育课程国际化的发起者需要对课程国际化拥有足够的重视与领导，并通过制定规章制度来保证国际化的实施。如国际化程度比较高的欧美高校的国际化都受到了政府的重视，并且都曾建立过相应的规章制度。美国前国务卿赖斯曾经发表讲话说："伴随着全球重心的转移，美国学生一定要学会与中国、印度、阿富汗、伊拉克等国家接触，而掌握用这些国家的母语与他们进行交谈的能力，是最有助于帮助美国学生了解各国人民的。"她将外语学习作为政府的重要任务和目标，政府层面的重视有利于促进更多的学生学习外语，并有利于进一步的国际沟通。英国在积极响应欧盟关于高等教育国际化的政策时，也出台了一系列的措施、法律和政策，为本国的高等教育国际化发展提供了重要的依据。

（2）高等工程教育实施过程中的组织和领导能够调动主体的积极性。在高等工程教育课程国际化的实施过程中，最重要的就是人，即教师和学生。有西方学者认为："课程实施的最大障碍就是教师的惰性"。一名教师在他的多年从教经验中，对课程的实施会有一套习惯性的做法。而高等工程教育课程国际化是对原来高等工程教育课程国际化课程计划的改变，教师或许很难一下适应，所以可能会积极性不高。一旦教师没有积极性，学生的积极性也就很难调动。所以，高等工程教育院校的领导们，要能在学校中形成一种鼓励变革的氛围，可通过规章制度鼓励教师们进行尝试，并尊重教师的意见和建议。

（四） 高等工程教育教师国际化的培训

课程计划能否取得成功，教师是关键因素。在国际化进程中，不仅学生可以学到东西，老师也可以进步。教师是高等工程教育课程国际化实施过程中最直接的参与者，课程计划能否成功实施与教师的态度、能力等有很大的关系。

一是教师的态度，主要是指教师是否具有积极主动地参与高等工程教育课程国际化的改革，是否具有通过多种途径针对学生与课程计划提出相应的策略，并不断提高自身的学术与教学水平的态度。如能通过查找相似的案例借鉴国内外高等工程教育课程国际化实施的优秀经验，为自身所用；查找国际期刊、文献获得最新的工程教育相关专业知识；采用学术讨论、视频课程、角色扮演等具有创新性的课程实施方式；有意识地根据专业情况在课程中加入国际化的内容，让学生既形成了系统的专业知识结构，又掌握了国际的、跨文化的知识内容；当教师自身的能力与素质不能实现高等工程教育课程国际化时，教师应该主动地去改变。

二是教师的能力，主要是指教师是否有能力帮助学生实现高等工程教育课程国际化的能力，如工程能力、国际化能力等。教师只有自身具备一定的工程能力，才能培养出合格的工程师。因为只有具备工程能力的教师才可以在课堂中为学生讲解工程实例、传授工程技能。高等工程教育院校可以通过集中培训的方式将老师送到企业或者其他机构参加培训与锻炼，帮助老师积累工程实践的经验。作为高等工程教育课程国际化的教师不仅要视野开阔、掌握学术前沿，还应具备听、说、读、写一门外语的能力，能够进行双语教学或全英文教学。

三、高等工程教育课程实施国际化的结论

（一） 建构实现高等工程教育课程国际化的环境

行为主义的创始人约翰·华生认为，个体的心理发展结果是由环境影响和塑造的，即有什么样的环境就有什么样的心理和行为。虽然说，环境不可

能完全决定人的发展，但是在人的发展过程中，环境对人的成长仍有着十分重要的影响作用。因而，创建良好的国际化环境，有利于学生养成相应的国际化气质。

高等工程教育课程国际化环境的构建方式应是由上而下的。如由政府或学校发起，通过政策支持、资金支持等手段，鼓励教师、学生主动适应国际化，融入国际化进程中。

政府层面，在政府与他国的交流中，通过科技合作、教育合作，促使国与国之间的合作，推动联合课程的举办。如北京航空航天大学与法国巴黎中央理工大学集团合作举办的中法工程学院即是在两国政府的推动下成立的。它旨在培养掌握三种语言的国际通用工程师。这种联合举办的学院，师资的国际化程度、课程国际化的程度都会较一般院校要高。政府还可以通过相关的政策，鼓励学校与跨国企业合作，如政府通过引进跨国合作项目让工程类学校加入等方式，使学校、教师、学生都能够参与跨国项目，教师和学生便可受到国际化的熏陶，进而促进学校的国际化环境建设。学校层面，学校首先要从物理环境着手构建有利于学生高等工程教育课程国际化的环境。如为学生提供可以接受国际视频课程的教室、保障图书馆中的外文资源充足等。学校不仅要为学生提供这些设备，还需要鼓励学生去使用，通过相关活动的举办，提升这些资源的使用率。学校人文环境的建设，就是对学校软实力的建设，如师资建设，鼓励教师出国深造与接受培训；外语学习，重视对学生外语应用能力的训练，改革并创新传统外语课程的传授方式；重视培养学生各种有利于国际化的能力，允许并鼓励学生多花时间在感兴趣的课程内容上，鼓励他们多钻研自己感兴趣的课题，为学生做喜欢的课题或实验提供物质上的保障，并允许失败。

无论是政府还是学校，都要从自身出发，重视涉及高等工程教育课程国际化建设的各个方面，尽力构建有利于高等工程教育课程国际化的环境。

（二）与各国高校或跨国公司建立合作关系

高等工程教育涉及科学技术方面的内容较多，而最重要的就是合作。各国高等工程类院校的跨校合作，有利于资源配置的优化和集中力量攻克难题，也有利于吸引各地的优秀人才服务于本国的经济建设。麦肯锡在报告中指出："只有10%的中国大学毕业生胜任跨国公司工作"。其主要原因就是因为中国的高等工程教育体系较为偏理论，并缺乏参与项目或团队协作的实际经验。我国高等工程教育类院校可以通过联合开设课程、课程资源共享、校际访问、跨国企业导师、跨国实习等方式主动寻求与他国高校或跨国公司的合作。

高等工程类院校要结合自身学校的情况与他国高校或者跨国企业开展合作。目前，国内很多工程类院校与他国高校或者跨国公司合作，但是很多都属于表面的合作。如邀请专家开一次讲座等。国内的高等工程类院校分好几种类型，每种类型的院校所掌握的资源都不一样，所以未必都能达到设立科技开发部、国际技术转移中心等深层合作的要求。国内知名的高等工程类院校，如清华大学、浙江大学、上海交通大学这样的"985"院校，在自身工程实力较为雄厚的基础上可以与国际上较为出名的工程院校或顶级的实验室、研究所、跨国公司开展深层合作。清华大学与西门子的科技交流中心（CKI）是西门子在全球范围内与教育机构之间构建的最高级合作模式，每年1000万元，主要是为了促进双方在轨道交通、污水处理、节能减排、高清成像、智能交通系统等科研领域的合作。合作的内容主要包括合作研究与人才培养两个方面。其中人才培养的形式多种多样，如西门子大中华区研究院为有志于服务西门子的研究人员提供机会，设立博士后研究站；为清华大学的学生提供研究型的实习岗位并出资用于学生的国际交流活动。此外，清华大学的"基于项目的实验课"，也十分鼓励并帮助学生通过各种途径参与国际项目。这样的项目能帮助学生掌握前沿的工程知识，有利于学生与各国的工程人才沟通，并形成国际通用的思维模式。国内一批在人力、物力的资源上都不如985、211的工程类院校需要根据自身发展的实际情况，利用一切可用资源实现课程的国际化。如盐城工学院，这样的学校可能由于地理位置、物质资源的限制没有实力开展大量的出国访学、原版教材引进等需要很多经济投入的国际化的实现方式，那么就需要其根据自身的实际情况，采取能够促进课程国际化的措施。如借助当地的跨国集团或者产业，盐城地区有许多的韩企，较为知名的有悦达起亚。盐城工学院就可以利用这样的企业集团，组织学生去参观，合作开设实训课程，引进企业导师，鼓励学生加入类似于AIESEC的国际实习项目等。

资源较为丰富的院校，开展国际化合作会比较方便，那么就要在已有的基础上不断创新，并与他国高校或企业开展深层合作。而另外一些资源略显匮乏的院校要结合当地的条件或者特色，根据学院特色开展合作。

（三）利用信息化资源实现高等工程教育课程国际化

实现高等工程教育国际化需要大量的人力、物力资源，而在实现过程中面临的最大问题就是资源不足，但是通过利用信息化资源能够解决这个问题。如利用以通信、网络、数据库技术为基础的计算机智能化工具实现 e-Learning。美国社会学研究者曼纽尔·卡斯泰尔说："网络是一组相互连接的结点，只要所有的结点共享信息就能联系。若社会结构以网络为基础，便是一个高度开放和动态的系统，只要不影响平衡就更易于创新。"利用信息化实现高等工程教育课程国际化既便于高效的资源共享，又利于学生们在相互交流的国际化环境中开展创新活动。

利用信息化实现高等工程教育课程国际化中的方式主要有以下三种。

（1）对与课程相关的硬件设备上的支持与保障，即基础设施的建设。例如，为学生提供系统的网络服务项目，包括期刊和参考书资源、完整在线课程、课程注册服务等；建设局部或全部覆盖校园的无线网络，包括教职人员办公室联网、教室联网、学生宿舍联网等；保证网络传输性能，包括高速视频传输能力、IP 语音传输能力等。

（2）对课程实施过程中教学手段的创新与改革措施。在传统的教学中使用信息技术，如利用 BBS 促进学生与各国学生之间的联系与沟通，最大限度的利用课程网页及各种电子资源，利用"学习课程管理系统"（LMS CMS）在线教学。

（3）对促进信息化资源使用的外部支持，即加强管理。如对学生与教师的信息技能培训、制定能够支持信息化课程资源的相关政策，保护知识产权、调动师生积极性、加强对课程信息化政策的制定等。

利用信息化手段能解决在实现高等工程教育课程国际化中资源不足的问题，同时还能突破时空限制让学生接受工程教育课程国际化知识，此外信息化资源的使用是一次投入，长久使用，经济、高效，所以各高校要加大对信息化资源的使用力度。

第五节　课程评价的国际化

课程管理是课程实施的有效保障，课程评价则是课程优化的重要基础。

课程国际化不仅包括课程理念、课程目标、课程内容和课程结构的国际化，也包括课程管理和课程评价的国际化。世界各国课程评价的发展趋势主要表现在以下三个方面。

（1）目标取向评价正在被过程取向评价和主体取向评价所超越，质性评价与量化评价相结合被认为是基本的评价方略。

（2）对课程体系本身的评价成为课程变革的应有之义，许多发达国家高校从多个角度并运用不同策略对课程体系进程合理评价。而尝试着与其他国家高校或国际组织联合实施对本国课程的综合评价，被认为是非常有效的课程评价策略。

（3）课程设置最终是为人才培养服务，包括跨文化交际能力、综合职业能力等在内的学生发展评价，已成为课程评价的有机组成部分。

我国新建本科院校的课程质量必须按国际上通行并能够接受的标准改革课程，除了要得到世界高等教育界的普遍承认和共同尊重外，还应该融入各国应用型高校课程之间共同的条例规定和评价标准的制定中去。随着高等教育国际化的推进，传统的考试模式已经显得不合时宜，改革方向应是采取灵活多样的考试形式，课程论文、大作业、实验操作等考核形式都应融入新建本科院校的考试体系中来。融入应用型国际化高校评价标准，建立课程国际化评价体系，是我国新建本科院校实现课程国际化的重要环节。本节主要以高等工程教育课程评价国际化为例进行分析。

一、高等工程教育课程评价国际化的内涵

（一）高等工程教育课程评价国际化的基本观念

高等工程教育课程目标评价国际化基本观念有两个：一是指评价学生是否形成了相应的国际化素质、能否参与国际合作；二是评价的本身是否采用了国际化的评价方式。

（1）评价学生在接受高等工程教育课程国际化教育之后，所形成的国际化行为与既定高等工程教育课程国际化目标之间产生了很大程度的变化。这个概念中包含两个方面的内容：

①明确评价学生国际化行为，测验学生是否产生了国际化行为。国际化

的行为主要是学生用外语与人沟通的能力加强、参加国际工程项目的适应力加强、国际合作的参与度提高、具备国际视野等；

②评估应该包含在任意一段时间内做的一次以上的评估。如在接受课程国际化训练之初就学生进行一次测评，之后再对学生进行一次测验，通过几次评估可测出学生的变化。这种评估应该是不断延续的，可以明显地看出学生变化。最后根据多次的评估结果，做出课程方面的变革。高等工程教育院校除了要对在校学生进行持续的评估测验，还应对已毕业的学生进行再评估，以论证学生在校所学是否具有持久性。

（2）采用国际化的评价方式，建立适合自身学校的国际化评价方式。评估主要是获得有关学生行为变化的证据，任何有关教育目标实现的行为的有效证据都为评估提供了一种合适的方法。这样的评价方法不是简单的纸笔测验，在评价学生学到了哪些国际化的知识时，可以通过学生的书写进行测评；当在评价学生的国际合作、国际交流与国际视野等能力时，就需要通过问卷、观察、访谈等调查方式。合适的评价方式有利于提高教学质量，培养目标不同评价方式也应有所区别。国内院校可以参考国际工程院校的一些通用的评价方法与体系，构建自己的评价方式。如将高等工程教育课程国际化的能力分解成几个具体可以测量的维度，既要关注学生国际化知识的获得，又要重视学生国际化能力的养成；将校内学习的评价与校外实习的（跨国公司）评价良好衔接起来等。

（二）高等工程教育课程评价国际化的程序设计要素

高等工程教育课程国际化的评估程序基于初定的高等工程教育课程国际化目标，而评估所定的教育目标实现的程度，需要通过必要的评估手续找到每个维度的教育目标所隐含的行为证据。这种评估程序的设计一般要考虑下列几种要素。

（1）对高等工程教育课程目标进行分析与界定，使之分成几个可以评估的具体项目。一般情况下，可以将高等工程教育课程目标的国际化分成三部分，即知识与技能、过程与方法和情感态度价值观。根据需要评价的内容，采取相应的评价方式。将每一个维度的课程目标进行界定，清楚哪些行为代表已达到既定目标的要求。如学生可以与国际工程界的人顺畅交流、进行学术探讨，那么可以证明这个学生已经初步具备国际化的工程知识。对于学生外语能力的评价可以通过笔试或者口试的方式测试学生的外语成绩或使用原版教材的频率等。

（2）可以给学生机会，使其能够充分表现出高等工程教育课程国际化目标中隐含的内容。因为评价课程目标是否实现的最好方式，就是学生能直接表现出来。因此为学生设计一种能够促使学生直接表现出来或鼓励学生表现出来的目标行为情景就十分有必要。只有给予学生机会让他们做出反应，他们才可以自由表达他们的兴趣。如创造力是国际化能力的重要表现之一，可为学生举办科技创新大赛、鼓励学生参与国际创新项目，让学生将在课程中所学的知识通过科技创新作品表现出来，学生的作品即是重要的评价参考。

（3）根据要实现的高等工程教育课程国际化目标选择有效的评价方法。传统的用于高等工程教育课程的评价就是纸笔测验与实验操作，采取百分制评价学生的理论知识与实践能力的掌握强度。这些方法虽然传统，但有利于评价学生的国际知识掌握。对于学生的国际情感与关注人类共同的工程问题等课程目标的评价绝非仅是纸笔测验了，更多的是通过讨论、交流、沟通等需要评价人员投入主观能动性的评价手段。这些手段的设计需要通过一些尝试，在被确认能够有效评价学生的能力之后，即可被采用。

（三）有效使用高等工程教育课程评价的国际化结果

在多数情况下，对人类行为的评估应是分析的过程，而非单一的分数总结。国内高等工程教育课程评价的目的一般是用于评定奖学金、保证学生出勤率，很少被用来评价学生经过学习之后掌握了哪些知识与技能。由于当前高校考试存在的局限性，教师应该主动思考，有效分析与使用取得的评价结果，以改进高等工程教育课程国际化的建设。

（1）多角度的分析所取得的关于学生高等工程教育课程国际化的评价结果。高等工程教育的教师需在学生能够形成国际化能力的课堂理论知识学习、实践活动中，不断地采取措施对学生进行评价。然后在收集资料的基础上，分析评价结果，对评价结果形成一个较为科学的认识，并能指出形成这种结果的原因。如教师让学生做一个项目，若是采用了国际通用方法，说明这样的学生有国际化知识的基础，对国际工程知识的掌握较好；如果一些学生虽然项目没有取得很多收获，但是资源来源比较广泛并且能够在项目过程中与他国的学生合作，那么这样的学生的国际化合作能力就比较强；如果学生在做项目的过程中重视国际较为关注的环节，那么这样的学生国际视野就比较广。所以，对于学生的评价不是单一的以项目是否取得成功来界定的，而是要从学生所取得结果中，结合多方面因素来分析出结果背后所隐藏的意义，这样的评价才能有效促进学生的全面发展。

（2）利用评价结果改进高等工程教育课程国际化的教学。在测验的基础上，得出一些关于高等工程教育课程国际化目标的完成情况，通过分析其中的问题与原因，找出解决问题的方法，将之应用到课程教学之中再进行测量，检验假设是否正确。这样的方法，可以逐步促进课程国际化的建设。只有动态的评价过程才是真正有价值的，因为动态的过程能够不断促进课程的改变，促使学生真正达到课程目标。如通过对学生前沿理论的测评，发现学生对于这些前沿知识的掌握程度不高，基本上都是出于应付的目的而机械地记忆知识。这时就要思考是否因为学生的兴趣不足、教师讲课较为枯燥等原因，导致学生对这些知识的学习没有效果。那么教师在授课前就需要通过调查与访谈，了解学生的需求与兴趣。在此基础上，通过网络资源为学生提供学生较为感兴趣的视频课、实验，利用现有的资源为学生提供实践的机会，去跨国公司当实习生等方式，让学生产生兴趣。每改变一次方式，就对学生进行测量和调查，检查学生是否取得进步，从而逐步改进教学。

二、高等工程教育课程评价国际化的结论

（一）按照工程教育国际公认标准设置课程

参照国际工程评价体系中规定学生须具备的能力标准设置课程。国内对高等工程教育课程目标的国际化定位较为笼统，具有不可测性。对学生课程国际化程度的评价也有失偏颇，使高等工程教育课程国际化的设置受到影响，失去科学性与实用性。而国际上通行的评价体系 ABET 和 ECUK，都提倡将学生知识掌握与能力水平进行分解，使之具备测量性。如 EC2000 中明确规定学生应该具备的 11 条能力，高校以此目标为基础开展课程，不仅有利于评价学生的学习结果，还有利于科学、系统的开展教学。国内高等工程教育界在自身评价体系尚未成熟的阶段，可以参考国外较完备的评价体系。国内的工程类院校或机构应通过分析国际通用的高等工程教育评价体系，研究体系中各

项指标的优缺点及产生的原因和解决方法，逐渐形成适合自身的评价体系，从而形成本土的国际化课程体系。如11条能力标准中规定的：有应用各种技术和现代工程工具去解决实际问题的能力，这就要求学生不仅要掌握关于现代工程技术的理论知识，还要有利用现代工程技术解决实际问题的能力。在对这条能力标准进行分析之后，就可以根据不同的专业开设课程，之后再利用这条能力标准评价学生是否达到相应的知识与技能水平。

将国际工程教育国际认证的理念贯彻于课程设置整个过程中。只有将课程评价的结果用于改进整个课程设置，课程评价才有意义与价值。一般而言运用评估结果可以修正和改正课程和教学计划：根据结果提出假设、依照已掌握的资料来检验分析原因、对照假设与资料是否一致。最后根据实际情况修正课程计划，修正是否有效就看学生成绩是否进步。对于国际完备的工程教育评价体系的借鉴不应只局限于"拿来主义"，在参考其具体做法时，更多的应该是关注内涵，将这些评价体系的精髓用于设置整个课程体系中，只有这样，整个课程体系才更具价值和操作性。在国际成熟的评价体系中可借鉴的精髓包括关注学生、明确评价体系等。如关注学生的发展和经验，根据产出的学生结果改进教学。在EC2000中强调"学生学了什么"而不是"教师教了什么"，那么在高等工程教育课程国际化的设置中，要以学生为主体，关注学生的需求，强调产出的学生是否达到了课程目标，而非是否如期完成既定的教学计划或教师的教学任务是否完成。在ECUK中强调评价内容要以对学生的预期学习结果为基础，明确的规定学生通过四年学习后需要掌握的知识与能力，并将目标细化到可以测量的程度。只有制定这种明确并细化的标准，才有利于课程的评价及改进课程体系。

（二）多层次评价工程教育课程国际化

根据高等工程教育院校的不同类别采取不同的课程国际化评价方式。国内的大部分大学都是实行党委领导下的校长负责制，并都归属于教育部管理。大学的课程设置都需在教育部的统一管理下进行，并都接受同一种评估体系。那么这样的情况下，中国的大学发展容易趋同，很难创新。然而现实中的大学类型多样，各具特点，在课程国际化的程度上也会有所不同。清华大学这样的致力于世界一流大学的高等院校与省属普通院校，培养目标必然有很大区别。因此，评估要能够根据这些不同高校的特点，采用多元的认证方式，这样才能测出不同院校的区别与成绩，并促进不同院校的国际化程度。国内的高校虽然不能脱离教育部而独立办学的，但教育部可以像 ABET 一样在充分认识高校办学自主性的基础上，采用统一的认证程序和标准，以高校自愿为基础采用多元的认证方法开展评估。

在高等工程教育界要根据不同的标准来评价高等工程教育的课程国际化。国内目前比较常见的标准评价主要是用于评价工程技术人才的通用标准和行业标准。通用标准是国家层面规定的各类工程人才应达到的基本要求，行业标准则是以通用标准为基础所制定本行业的主体专业领域工程人才应达到的基本要求。在实际的高等工程教育课程国际化过程中，可根据学生的不同能力进行评价，结果评价与过程评价相结合。在高等工程教育课程国际化评价体系中不采用单一指标，如在国际期刊上发表的文章数或外语专业课的成绩，而是构建多个维度。比如，参与国际学术论坛的感想报告、参与国际交流合作项目的频率等。此外，还要重视过程性评价即形成性评价，关注学生形成国际化能力的过程，建立学生进步的记录袋形式，保证能够全面、详细、客观地评价学生的国际化能力。需注意的是，在评价过程中不可一刀切，要为一些偏才与怪才提供便利途径，给予这些学生机会和认可，以调动他们的积极性。

（三）建立高等工程教育课程国际化评价体系

建立具有实质等效性的工程教育国际化评价体系是必由之路。随着全球化的发展，高等工程教育的国际化趋势也越来越清晰，建设具有国际等效性的中国高等工程教育评价体系已是工程界与教育界的广泛共识。经过不断努力，我国在 2013 年加入《华盛顿协议》，它是当前世界上 6 项关于工程教育学历或从业资格互认的国际性协议之一，是时间最早、缔约方最多，同时也是世界范围知名度最高的工程教育国际性认证协议。加入这项协议有利于提高我国工程人才的培养质量，是我国高等工程教育参与国际竞争的重要保障。因为《华盛顿协议》承认缔约方所认证的工程专业（主要是四年制的工科本科专业）具有实质等效性，即经任意缔约方认证的工程专业的毕业生都达到了工程师职业的基本素质和要求。经过认可具有实质等效性之后，成员在认证工程专业中所有的指标、过程、结果都会得到其他成员的认可。所以说，加入此协议能够促进构建国内高等工程教育课程国际化的评价体系。

借鉴国际高等工程教育成熟的评价体系构建本土国际化评价体系。首先，对评价系统中制度的鉴定。如美国 ABET 工程教育专业认证系统重视制度的建设及法律的保障，ABET 的认证是自律和诚信的，它的一切运作以法律和规章制度为依据，并接受法律和公众的监督。它的评估规则、标准和程序，都会根据工程教育的最新发展状况定期修订。其次，组织一支专业性较强的评价队伍。通过一套严格的队伍认证机制，保证让有经验熟知评价规则和操作程序的教育界专家及工程界与企业界的专家们成为队伍的主要成员。再次，重视评估的工程型。通过让工程界的人员参与相关工程专业的认证程序和标准的制定，或者邀请他们直接参与评估。让高等工程教育的评估与工程界紧密联系在一起，能及时将工程界与业界对学生的期望与标准反映到评估中。最后，重视国际合作。在评估的过程中各高校要积极组织或参与国际评估活动，与各国的高校或认证机构合作，主动寻求具有成熟评价体系机构的帮助，最终建立具有国际实质等效性的评价机制，实现国际之间的学位互认，使国内的高等工程教育与学生得到国际认可。

第六节　课程管理的国际化

课程国际化不仅包括课程目标、内容和结构的国际化，也包括课程管理的国际化，管理是课程能够有效实施的保障。没有管理，或者落后的管理制度和管理方式必然制约课程国际化的发展。在课程管理中，课程管理国际化主要包括如下三个方面：

（1）按照国际惯例，除教学管理外，高校必须足够重视对课程生成和评价系统的管理。

（2）课程管理制度必须在国际上具有通用性。

（3）课程管理必须有法可依。

由此可以看出，只有建立了与国际高校相统一的管理方式，课程国际化才能真正地实现。接下来，我们以浙江越秀外国语学院课程国际化管理的具体实践来展开讨论。

自 20 世纪 90 年代末始，中国高等教育实行扩招政策，为满足扩招的需求，全国有一大批高等专科学校升格为本科院校，这类学校一般被称为新建本科院校。据统计，至 2008 年，全国普通本科院校达 755 所，其中新建本科院校达 286 所，占本科院校的 38%，新建本科院校成为高等教育的重要组成部分。培养应用型本科人才是新建本科院校的基本共识。但对于培养什么特色的应用型人才、怎样提高培养人才的素质等方面的认识，不是每所院校都是很清晰的。传统的高校以系、科、教研室进行课程管理，存在着一些弊端。如课程管理意识薄弱，缺乏对课程管理的研究，重视课程"硬件"，忽视管理"软件"，遇到问题未能从管理方面找办法；课程管理的行政手段多，技术手段少；课程管理目标与课程目标严重偏离；课程的国际化取向不明晰，无法适应国际化的新形势等。

基于传统本科院校课程管理中存在的以上突出问题，作者在此提出并架构适应浙江越秀外国语学院 SPT（SPT，即成功的应用型人才）人才培养模式的三级课程管理体系，即撤销原有院校按系、科、教研室行政管理的框架体系，把课程组建设成为一个由相互联系的若干课程（群）构建而成的、具有"规划、运用"和"组织、管理"两大基本特征的课程管理组织系统，以推动中国高等教育课程管理理论研究全面发展。

一、国际化课程管理体系的内涵

根据美国学者斯塔克对课程管理的界定，课程管理就是为确保成功地进行课程的编制、协调、实施、支持、评价和改进而履行的责任和行使的权力。可见，课程管理的探究范围不仅仅包括对课程编制、课程实施和课程评价的管理，还包括对课程的支持系统的管理，对课程改进过程的管理等。这里拟对浙江越秀外国语学院的教学管理实施三级课程管理。三级课程管理体系是指在浙江越秀外国语学院三级课程组机构配置下，由课程决策系统、课程开发系统、课程实施系统、信息收集系统、条件保障系统和课程评价系统等六大系统构成的课程管理体系，如图 6-1 所示。

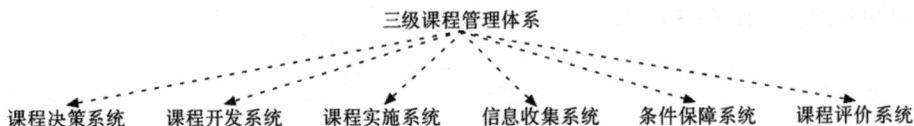

三级课程管理体系

课程决策系统　课程开发系统　课程实施系统　信息收集系统　条件保障系统　课程评价系统

图 6-1　三级课程管理体系

二、SPT 特色的课程管理体系的构建

综合国内外专家对课程管理理论研究的结果，结合中国高校实施完全学分制的课程管理实际，课程管理体系的构建主要应从以下两个方面入手。

（一）组建专门的课程管理机构及职能活动

1. 组建三级课程管理机构

浙江越秀外国语学院推行 SPT（即 successful & practical talents 的英文缩写，意为"成功的应用型涉外人才"）人才培养理念。为符合应用型本科院校课程管理的要求，按学科背景实行三级课程管理，即在以学校为一级课程组的基础上，以二级学院的学科构成组建若干个二级和三级课程组，如图6-2所示。

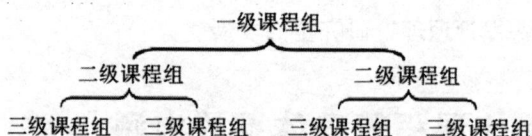

图 6-2　课程分组

浙江越秀外国语学院在总结"外语+专业+综合素质"人才培养模式的基础上，提出了以培养学生的外语应用能力、专业实践能力、综合职业能力的"三个核心能力"为内容的 SPT 人才培养体系。根据 SPT 人才培养目标中每个核心能力的内在要求，分别组建三个一级课程组：即以语言类学科为背景的并以外语类课程为支撑的外语应用能力一级课程组，以经济、管理类学科为背景的并以商管类课程为支撑的专业实践能力一级课程组，以思政、人文类学科为背景的并以人文教育类课程为支撑的综合职业能力一级课程组。在一级课程组的基础上，各自组建若干个二级和三级课程组。三级课程管理机构配置图，如图 6-3 所示。

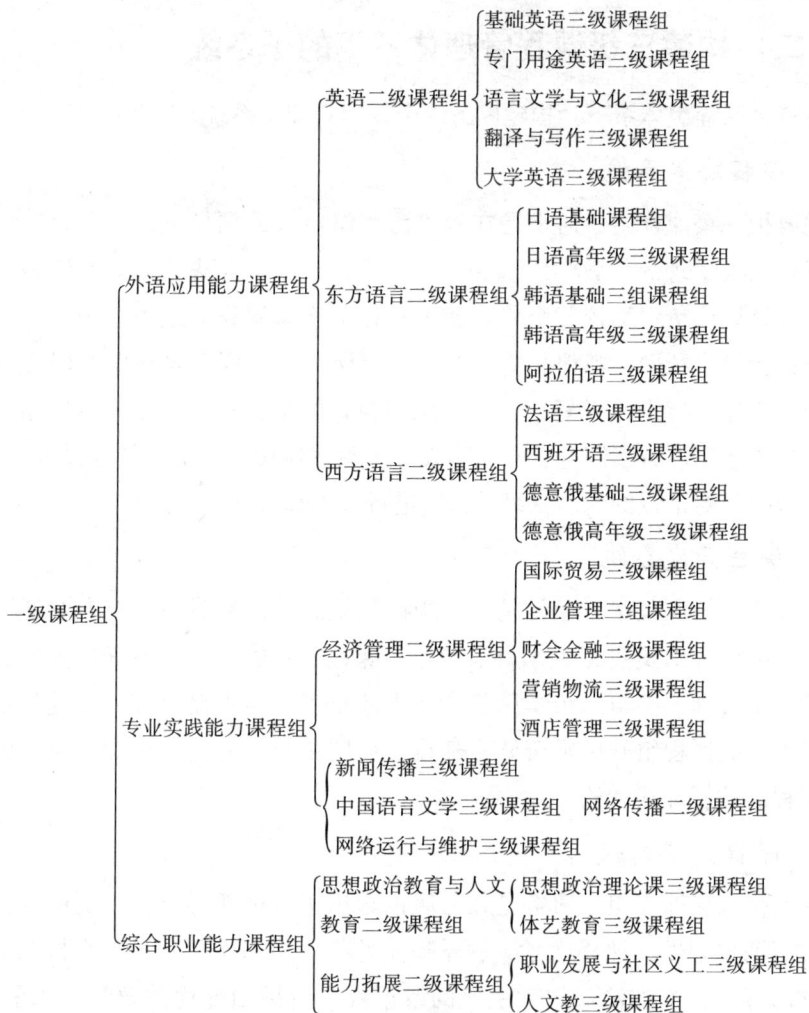

图 6-3　三级课程管理机构配置图

2. 三级课程管理机构主要职能部门的职能活动

　　学校教务处是一级课程组的教学管理主要职能部门。二级课程组是二级学院为落实一级课程组确定的课程开发、运用等任务，针对各专业的人才培养要求，实行课程开发、运用管理的课程组织机构，二级学院教科办是二级课程组教学管理的主要职能部门，并承担和配合做好一级课程组授予的相应教学管理的职责。三级课程组是某一课程群教学管理的实体性基本组织，它承担课程群微观课程开发和运用的任务，包括根据人才培养方案确立具体的课程教学和管理任务等。

（二）构建三级课程管理体系下的子系统

在三级课程组体系下，构建以下六个课程管理子系统。

1. 课程决策系统

主要指一级课程组。通常是在一级课程组组长的领导下，从宏观课程方面做好包括教学理念、教学内容和教材、教师、教学方法、教学条件等方面的规划和计划；负责学校三个核心能力的相关宏观课程的组织管理、相关学科建设；指导、帮助、督促相应的二、三级课程组按职责要求做好课程建设诸方面的工作，特别是做好二、三级课程组长的培养和引进工作；指导二级学院做好人才培养方案制订、专业建设、实验室建设、图书资料建设等工作；指导二级学院对下设的二、三级课程组进行管理和考核。

2. 课程开发系统

主要指二级课程组。通常是在二级课程组组长的领导下，对专业课程的开发。二级课程组负责相关学科、专业、课程、实验室、图书资料等的建设和教学质量管理，参与二级学院各专业人才培养方案的制订和专业建设；指导和帮助三级课程组开展师资队伍建设；会同二级学院和一级课程组实施对三级课程组的管理和考核。

3. 课程实施系统

主要指三级课程组。通常是在三级课程组组长的领导下，负责课程群内相关微观课程开发、课程教学、教学质量监控、精品课程建设、教材的选用和教学内容、教学方法、教学手段的改革等。包括国外优质教学资源引进、课程开发、课程教学内容界定、专业课程模块建设等工作；根据一、二级课程组的要求配置、建设和管理教师队伍；组织教师开展教学教研活动并实行对教师的业绩考核。

4. 信息收集系统

主要指三级课程组教学管理的各主要职能部门和执行部门。一级课程组的教务处和二级课程组的教科办，是最重要的信息收集主体，主要负责收集来自各方面的课程与教学活动的客观信息，并及时反馈到三级课程组。同时借助师生网络教学管理评价系统，发动全体师生在网上及时进行信息填报，以便做出有效的跟踪控制和正确的评价。

5. 条件保障系统

从总体上来说，学校人事主管部门承担着为确保课程管理系统的有效运作提供最优质保障的责任。课程的实施离不开经费、设备、图书资料等必要的条件，课程的有效实施，必须最大地发挥经费、设备、教学资料等"硬件"的效益。另一方面，学校人事主管部门要从课程管理的实际需要出发，对课程活动的各个环节，制定出科学而又切实可行的管理制度和操作规程，使课程管理的各项工作和运作方式做到有章可循。需要强调的是，课程管理人员的素质直接影响课程管理体系的运行，学校人事主管理部门应加强对各级课程组管理人员的业务培训，着力提高其管理能力。

6. 课程评价系统

课程评价系统主要由学校督导处和二级课程组的督导组协同负责。其主要任务是密切与课程组主要教学管理职能部门配合，根据各级课程组的课程管理计划，对课程活动的输入、过程和结果进行定期的诊断和评价，找出结果与目标之间的差距，对决策和实施过程进行修改、校正，使课程系统最大限度地接近课程目标。

适应浙江越秀外国语学院 SPT 人才培养（即成功的应用型涉外人才培养）目标的需要，构建三级课程管理体系系统，能有效推动浙江越秀外国语学院的课程管理从以"教学管理"为中心向以"课程管理"为中心转变；力争培养一批优秀教师，创建一批精品课程，形成一批教改成果；推动教学过程中"教师与学生、理论与实践、学校与社会"的双向互动，切实提高教学质量和教学水平，提升学院 SPT 人才培养的质量，充分体现学校 SPT 的办学理念和特色，使我们的人才培养模式进一步和国际接轨，促进学校的长远发展，并为其他高校的课程改革提供借鉴。

第七章 考察与反思：浙江本科高校课程国际化发展的动态考察及路径创新研究

随着经济全球化、一体化发展，新时期的高等教育的国际化成为一个必然的趋势，其关键部分在于高校课程的国际化。由于我国高等教育课程国际化起步较晚，并经过曲折而漫长的发展历程，所以我国高校的课程国际化仍然存在一些显著问题，如地方性和国际化的关系认识不足、课程国际化特色不明显、课程国际化的输入和输出不平衡、对国际化人才培养目标内涵的认识不到位等。

这里，我们主要是以浙江多所本科高校为例，对我国新时期高校课程的国际化发展进行探讨。通过对浙江排名比较靠前的多所本科高校的课程国际化发展的动态进行综合考察（主要是以问卷调查的方式进行，其问卷内容可参考本章第四节内容），在综合分析国内外高校课程国际化进程的基础上，结合发达国家高校课程国际化的实践与启示，本章提出了浙江本科高校课程国际化需要正确处理的四大关系和浙江本科高校课程国际化发展的六个创新路径，并对基于"互联网+"的浙江本科高校课程国际化的发展路径进行了一定的创新思考，为国际化的高等教育改革发展提供更加广阔的空间和理论支持。最后，本书还设计了一套用于调研浙江本科高校课程国际化的调查问卷，以供相关专业人士的研究调查使用。

第一节 浙江本科高校课程国际化需要正确处理的四大关系

通过对多所浙江本科高校的课程国际化发展动态的综合考察发现，浙江本科高校课程国际化发展过程中仍有四大关系需要正确处理，这四大关系分别为地方性和国际化的关系、国外国际化和本土国际化的关系、语言教学与专业教学的关系以及课程创新建设与学术研究的关系，具体如下。

一、正确处理地方性和国际化的关系

除浙江大学之外，其他浙江本科高校均属于省属院校。由于区域性比较强，所以这些本科高校的基本定位，是为浙江乃至长三角地区培养应用型人才，这说明浙江本科高校自身存在着一定的地方性。然而，在浙江本科高校的国际化进程中，这种地方性与国际化是否会冲突，各高校应如何处理它们之间的关系，这是各高校当前需面对的首要问题。其处理思路如下。

（1）我们应该认识到高校的国际化跟区域化二者并不冲突，它们之间的关系是对立统一的。

（2）由于我国对经济全球化的重视，其进程得到了有效的加快，尤其是各地对外资、高科技企业的积极引进，有效地促进了我国经济的发展。因此，新建的应用型本科院校也要重视对教育国际化的积极推进，并重视对学生国际能力的培养，进而达成为区域服务、为地方培养人才的基本目标。

（3）通过国际化可以使学校得到有效的发展，这样才能使学校更好地为区域经济发展提供服务。

（4）高等院校的地方性主要体现为高等学校的服务对象，这与高等学校的国际化并不冲突，因为高等学校的国际化并没有使学校的服务对象发生改变。并且地方性院校的办学行为、教学过程的国际化最后都要落实到培养人才的国际化上。只有培养大批具有国际意识的应用型人才，才能更好地为本地的经济社会发展服务。

因此，各高校要正确看待高校的国际化和地方性之间的关系，二者是不同层面的问题，并非矛盾对立的。考察发现，以湖北经济学院、广州大学、浙江万里学院等为代表的一批新建地方本科院校，他们作为地方院校，就是在正确处理了区域化与国际化之间的关系的前提下，紧密结合地方经济社会发展需要，才使得自身的国际化之路步入了正轨。

二、正确处理国外国际化和本土国际化的关系

在新时期高校国际化的理论探索与实践中，师资和学生的国际化得到了人们更多的关注。其中，师资的国际化主要是指教师要有海外留学背景；学

生的国际化则是指国际化高校要有一定比例的来自国外的学生，并且还要有一定比例的毕业生到国外留学。这是国外高校国际化的一个外在表现。考察发现，占到浙江高等教育半壁江山的浙江教学型本科院校在师资和学生的国际化方面还存在一定的缺陷，主要原因包括以下两个方面。

（1）办学经费严重不足，这使得各高校在人员的国际交流上很难有所突破。

（2）与老牌高校相比，这些院校对国外教师和学生的吸引力也有所欠缺。

所以，选择国外国际化的道路对于新建地方本科院校来说是很困难的，而教学和课程的国际化是现阶段各高校国际化的重要手段，不仅可以使院校的办学成本大大降低，而且对于促进教学质量的快速提高也十分有利，这对于各高校在本土完成国际化是十分有益的。

当然，对于浙江本科院校而言，各高校在选择本土国际化的同时，也要发挥国外国际化的作用，并视其为推进高校国际化的一种手段，量力而行，这是各高校在国际化的进程中需要重点关注的。

三、正确处理语言教学与专业教学的关系

通过对浙江本科高校的研究调查发现，各高校在国际化过程中，语言障碍成了不可避免的问题。这主要是因为语言是保证引入课程授课效果的重要前提，同时也是学生能否适应外语教材、讲义的关键。所以，浙江本科高校要正确看待语言教学与专业教学的关系并加以重视，只有通过采取科学的手段进行协调处理，才能使教学的质量和效果得到有效的保障。其处理思路包括以下几个方面。

（1）各高校要认识到语言教学的重要性，它不仅是课程国际化的基础，同时也是教学国际化的重要前提，只有成熟的语言教学，才能保证引入课程的教学效果。所以，各高校要充分认识语言教学与专业教学之间的关系，并通过科学论证，正确地处理好二者之间的关系，进而确保学校的教育教学目标的实现。

（2）语言教学是基础，专业教学是关键。各高校要通过科学的处理方法，使语言教学和专业教学实现有机结合，使二者相互促进，最终实现学校的人才培养目标。

（3）在语言教学方面，各高校要加大通识课程改革的力度，尤其是充分利用第一学年的时间对新生的外语教学进行强化。对学生的外语教学的强化，各高校不仅要配备必要的辅导教师，而且还要提供充足的学习资源（包括网络学习资源），以形成良好的外语学习氛围，从而使学生的外语听、说、读、写能力在第一学年就能得到较大的进步，为学生的后续发展和继续学习奠定良好的基础。

当然，对于语言教学与专业教学的关系的有效处理，还有很多科学的方法需要各高校进行积极的探索与实践，限于本书篇幅，此处不再进行细论述。

四、正确处理课程创新建设与学术研究的关系

课程建设与学术研究的关系也是浙江各高校国际化进程中一个不容忽视的问题。对于二者之间的关系，各高校要辩证地看待，并通过科学的论证，以合理的方法对课程建设与学术研究进行统筹安排，才能使高校健康的发展，并实现高校的人才培养目标。其实，课程建设与学术研究是可以统一起来的，这主要表现在以下两个方面。

（1）作为高校国际化的关键和主体，高质量的课程和教学离不开对学术的研究，否则课程和教学就会成为"无源之水、无本之木"。

（2）一味追求高端研究也是不符合实际的。对于学术研究国际竞争的过分强调，既不利于课程建设水平的提高，也不利于教学质量的提升。

所以，教师的学术研究要结合课程创新建设的需要，注重教学与学术研究的相互促进和共同提高，只有以课程创新建设为核心进行学术研究，并及时将学术成果转化为教学内容，才能合理推进课程教学内容的更新，进而使课程教学内容的含金量得到有效提升。

第二节　浙江本科高校课程国际化发展的创新路径

浙江本科高校在课程国际化过程中进行了有益探索并取得了显著成就，但是由于各高校在课程国际化观念、课程国际化战略、课程国际化师资等方面仍存在较大的问题，所以目前各高校的课程国际化发展进程并不完善，甚至可以说相对滞后。

在对浙江本科高校课程国际化发展的现状进行综合考察和详尽剖析的基础上，通过对中外高等教育课程国际化的比较分析与经验借鉴，本节主要探讨浙江本科高校课程国际化发展的创新路径，包括从本科校情实际出发，走特色化的课程国际化道路；以本校优势学科为依托，确立课程国际化战略目标；做好本土化批判性吸收，建立科学的课程国际化模式；加大国际化培养和引进力度，强化师资队伍国际化建设；融入应用型国际化高校评价标准，建立课程国际化评价体系；结合学科专业选择和方式方法运用，实现课程内容国际化目标等。

除此之外，还可以灵活运用海外第二校园游学、部分学生海外交换、利用暑假开设"国际化短学期"等多种途径，合理采用综合素质考评、课程设计答辩等多种考核方式，培养学生利用国际全球化进程中的前沿知识与技术，学会利用跨文化、跨学科的基本原理，提高学生的实践创新能力，从而进一步提升浙江本科高校课程国际化发展内涵。

一、从本科校情实际出发，走特色化的课程国际化道路

相关研究调查发现，特色化对高校的生存和发展有着十分重要的作用，这一点对浙江本科高校更是如此。纵观世界大学发展历程，坚持走特色化道路是许多低起点大学实现跨越式发展的必由之路。譬如坐落在威斯康星州首府麦迪逊市的威斯康星大学，其由一所在美国名不见经传的小学校，一跃进入世界大学 100 强之列，并获 2012 美国大学表现评估中心美国大学排名第 3 名和 2011 上海交通大学全球大学排名第 19 名。威斯康星大学实现跨越式发展的巨大动力，在于其自建校开始一直坚持走面向实际且注重实用的特色化发展道路，可见特色化对高校发展的重要意义。

尽管世界各国课程国际化理念有着很大差别，国际化形式和途径也有较多不同，但坚持自身的特色是它们的共同点。譬如，美国大学课程国际化历史悠久，到目前几乎全美高校都在实施课程国际化，已经形成相当大的课程国际化规模，并且这些高校特别注重课程国际化中教学师资队伍的建设和教师主导作用的发挥。另外，在澳大利亚，体现国际学科特征的课程占课程总量的24%，通过国际比较和借鉴使得传统课程内容得以延伸的课程占课程总

量的 18.4%，构成其高校课程国际化的鲜明特点。因此，根据当前国情和浙江本科高校的实际情况，探索并制定出一条满足现实发展需求的特色化课程国际化发展道路，是目前浙江本科高校课程国际化亟待解决的关键问题。

二、以本校优势学科为依托，确立课程国际化战略目标

学科是新课程的重要依托，课程的国际化发展始终与学科紧密相连。考察发现，由于受到人力、物力、财力等多种因素的制约，目前浙江本科院校所有学科领域齐头并进的局面不可能一蹴而就。而比较现实的路径应该是"突出重点，以点带面"，具体如下。

（1）各高校应对自身的部分优势学科实行重点扶持，加大投入以加快其课程国际化建设步伐，让一部分学科及相关课程先"走出去"。

（2）各高校要在取得一定影响的情况下，再逐步扩大其他课程领域，从而带动高校课程的全面国际化。譬如位于美国加利福尼亚州的斯坦福大学，其在 20 世纪 40 年代还只是一所二流大学，课程国际化程度非常低。然而，后来在面对极其严峻的发展形势下，斯坦福大学毅然打破学科平衡发展的传统，实施"学科冒尖"的发展战略并取得了巨大的成功，这使得斯坦福大学的知名度得到了大幅度的提升。如今的斯坦福大学已经发展成为国际著名大学，也正因其具有浓厚的课程国际化色彩，每年吸引大量海外学生前来深造。

浙江本科高校应该依托自身的优势和特色，明确自身定位，大力扶持发展重点，特别是要在课程建设政策、课程建设资金、课程建设资源等方面对优势学科进行扶持，这样才能有效加大对先行课程国际化的支持力度。通过优势学科或专业课程的国际化，从而带动其他与其相关的学科课程的国际化建设、以点带面、循序渐进地实现所有学科课程的国际化，最终全面推动浙江本科院校课程的国际化发展。

三、做好本土化批判性吸收，建立科学的课程国际化模式

在高等教育国际化浪潮下，国际化课程意在培养学生的跨文化交流和沟

通能力。学生在拥有这种能力之后，就能够解决不同国家之间在经济文化交流与合作中产生的隔阂和障碍，这就是所谓的"全球通人才"。但课程国际化并非抛弃本土课程或者与本土课程相背离，各高校应认识到二者之间是一种相互促进、相互依赖的关系，即本土化支撑着国际化，而国际化又是本土化的升华和发扬。在课程国际化实施过程中，各高校应该使本土课程与其他国家高等教育体系中的课程真正实现交叉融合，求同存异，共同发展。

各高校的课程国际化应在分析、比较、筛选和鉴别的基础上，逐步将国外优秀文化成果和科技精粹融入本土学科专业设置和国内课程教学实践中来。它不仅强调民族经济文化和全球经济文化的有机融合，更体现在国家民族精华和国际有益知识的兼收并蓄。简而言之，国际化课程的目的不在于培养学生狭隘的爱国情感，而是要通过国际化课程扩大学生的国际视野，培养其全球意识。

考察发现，目前浙江本科院校存在的主要问题之一是课程引进与输出之间不平衡，这不仅表现在课程的模式设置上，而且还表现在课程的内容安排上，许多高校都是以发达国家和地区为标杆，通过学习、借鉴和引进来吸收他国的优秀课程资源，甚至不少高校直接运用国外原版教材进行教学。在吸收引进过程中，不局限于本国传统格局，主动参与到世界高等教育体系中去，这一点无可非议。但是，各高校往往对中国目前国情和新建应用型本科院校校情的考虑并不全面，并且对学生文化背景差异、思维方式差异、知识结构差异等方面的认识也不充分，这对于各高校的国际化发展产生了一定程度的影响，使得各高校的课程引进与输出之间呈现出一种失衡的状态。所以，在课程国际化理论与实践的探索道路上，新建应用型本科院校只有充分意识到这个问题，通过建立科学合理的课程国际化模式，才能使各高校的课程真正地实现国际化。

四、加大国际化培养和引进力度，强化师资队伍国际化建设

美国著名教育家科南特认为，大学的荣誉不在于它的校舍和规模，而在于它一代又一代教育传承者的质量。教师不仅主导课程设置，传授课程内容，而且直接参与课程实施，因而教师是创新型人才培养的先锋力量。要真正地

培养国际化人才，国际化的课程内容不可或缺；而国际化课程内容的讲授，又离不开国际化的师资队伍，所以强化师资队伍国际化建设在许多高校的国际化进程中得到了更多的重视。

目前，我国新建应用型本科院校在这方面虽然已经取得了一定成绩，各高校对于师资队伍的国际化建设已经开始重视，但在师资国际化方面仍存在一定的不足，并且许多教师对课程国际化的意愿并不重视，这使得各高校的课程国际化进程受到诸多阻碍。尤其是与发达国家和研究型高校相比，我国高校对师资队伍的国际化建设仍远远不够。而且考察发现，目前大多数浙江本科院校在国际化课程的考核上，还是以终结性评价为主，以形成性评价为辅，课程论文、大作业或自主学习考核方面差距较大。究其原因，可能还得归根于师资水平、师资结构和师资数量的制约。

因此，浙江本科院校应加大国际化培养和引进力度，强化师资队伍国际化建设，主要包括以下几个方面。

（1）各高校应该制定有效的激励机制和充分的保障措施，鼓励本校教师海外留学和进修，熟悉国外高校的课程规划和课程设置，这不但能更新教师的课程国际化理念，而且有助于扩大教师的国际化视野，增添教师课程国际化的知识储备。

（2）浙江本科院校应该以优惠的政策和优厚的待遇来吸引海外学者，重点引进和聘请海外高端人才，从而有效充实本校教师队伍。

（3）坚持"送出去培养"与"赴海外引进"双管齐下政策，大力推进新建应用型本科院校师资队伍国际化进程，这样才能有效保障师资队伍国际化的建设。

当然，对于强化师资队伍国际化建设的方法还有很多，此处不再一一列举，各高校需要结合国情和自身的具体情况，有针对性地进行选择。

五、融入应用型国际化高校评价标准，建立课程国际化评价体系

课程优化的重要基础是对课程的实施进行有效的评价。课程国际化不仅包括课程理念、课程目标、课程内容和课程结构的国际化，也包括课程管理和课程评价的国际化。纵观世界各国课程评价的发展，其趋势主要表现在以

下三个方面。

（1）目标取向评价正在被过程取向评价和主体取向评价所超越，质性评价与量化评价相结合被认为是基本的评价方略。

（2）对课程体系本身的评价成为课程变革的应有之义，许多发达国家高校都是从多个角度并运用不同的策略对课程体系进程进行合理的评价。其中，通过与其他国家高校或国际组织的有效联合，对本国课程实施的综合评价，被认为是非常有效的课程评价策略。

（3）课程设置最终是为人才培养服务，包括跨文化交际能力、综合职业能力等在内的学生发展评价，已成为课程评价的有机组成部分。

浙江本科院校必须按国际上通行并能够接受的标准来改革课程，一方面要得到世界高等教育界的普遍承认和共同尊重，另一方面还应该融入各国应用型高校课程之间共同的条例规定和评价标准的制定中去。随着高等教育国际化的推进，传统的考试模式已经显得不合时宜，其改革方向应该是采取课程论文、大作业、实验操作等灵活多样的考试形式，并融入到新建应用型本科院校的考试体系中来。

融入应用型国际化高校评价标准，建立课程国际化评价体系，是浙江本科院校实现课程国际化的重要环节。此外，浙江本科院校还要努力实现课程组织与实施的国际化。实施形式包括双语教学、与国外互派教师与学生、远程教育等，都是行之有效的实施方法。

有人认为：采用国际上通用的现代教育技术，是高校课程实施国际化的基础。这在一定程度上也表明了现代教育技术的重要性，其与传统教学方式的区别，主要表现在以下两个方面。

（1）现代教育技术。现代教育技术是以学生为中心，注重对学生个体潜能、主动性、创造性的发挥，从而培养学生自己鲜明的个性。

（2）传统教学方式。传统教学方式是以教师、教科书为中心，其教学方式多为班级授课，这种教学方式虽然能批量培养学生，但不利于对学生主体性和个性的培养。

课堂教学与现代教育技术的有效结合，最直接的表现是可以借助信息网络技术对高校信息化的国际高等教育平台进行建设，这对于学生的培养有着多方面的优点，主要表现在以下几个方面。

（1）体现了个性化培养、创造性人才培养的教育思想。

（2）通过对渗透性极强的电子媒介的有效利用，再结合应用广泛的网络技术，能使资源共享得到最大程度的实现，这在一定程度上使传统的讲授式教学模式发生了改变。

（3）对高校考试的模式进行改善，对考试的导向性与评价性作用更加重视。

综上所述，新时期的课程评价体系要融入应用型国际化高校评价标准，要以重视实践性、经验性的考核为主。

六、结合学科专业选择和方式方法运用，实现课程内容国际化目标

学术界普遍认为，只有把国际化的内容有效地融入现有的课程中，才能使各高校的国际化课程结构更加有特色，这对于培养学生在国际化和多元化环境中的生存能力十分有益。其关键是增加的内容和增加的方法，这也是当前高校在国际化进程中需要思考的重点。

（一）浙江本科院校课程内容国际化的学科专业选择

各高校对于课程体系国际化的建设，不仅要结合我国高等教育国际化的发展需要，同时还有对发达国家高校的做法进行有效的借鉴和引入，尤其是对于国际化课程学科的选择，各高校应优先选择国际通用性和可比性较强的学科。

首先，各高校应优先选择理学、工学、农学、医学等国际通用性学科来逐步实施高等教育课程内容的国际化。这主要是因为这些学科中大多都包括物理、化学、数学以及计算机等专业；这些学科的国际共通性较强，并对专业术语拥有较为一致的表述、理解和诠释。而且选择这些学科实施国际化教育，对于学生日后进入全球科技领域进行国际交流也有很大的帮助。此外，高新技术的理、工、农、医等领域对我国国民经济也具有深远的影响，各高校必须对这些自然科学类课程的国际前沿知识进行积极跟踪，并根据世界科学技术发展的最新趋势，对教学内容进行适时的补充和更新。

其次，应优先选择经济学、管理学、法学等学科，包括西方经济学、产业经济学、区域经济学、国际金融、国际贸易、工商管理、财务管理、市场

营销、国际商法、国际经济法等相关专业，逐步实施高等教育课程内容国际化。其主要原因在于以下几个方面。

（1）这些学科专业与国际相关领域联系和交流都比较密切。

（2）在课程内容的设置上，既要考虑到国家经济社会的需要，又要考虑到人性的完善和国际知识的分化与综合。

（3）在课程内容的不断更新中，课程内容要不断加入全世界社会科学的最新研究成果，淘汰已落伍的知识体系，以扩大课程的深度和广度。

所以，各高校应优先选择通识教育课程，通过学科的国际化，形成自己的特色专业，进而逐步实施高等教育课程内容国际化。其主要原因是通识教育课程具有国际通用性，既比较方便寻找课程标杆，又相对容易选择教材。此外，一些国际化课程，如国际关系和外国文化等课程，以及定量推理、伦理辨析、科学和社会分析类等课程，在通识类课程中都是可以考虑设立的。

而考察发现，浙江本科高校所特有的学科为思政类，这类学科及相关专业，如《毛泽东思想和中国特色社会主义理论体系概论》《中国近现代史纲要》《思想道德修养与法律基础》等，不太适宜进行国际化运作，其主要原因是由于这些专业既没有相应的国外原版教材，又有许多没有相应的外语词语表达的、含有特殊文化含义的汉语专有词语，不利于国际化运作。

（二） 浙江本科院校课程内容国际化的方式方法运用

从目前浙江本科高校课程内容国际化的实践来看，笔者认为浙江本科高等教育课程内容国际化的方法主要可以归纳为三种，即注入法、专设法和项目法。在具体实践过程中，浙江本科高校可以根据实际情况，把这三种方法结合起来加以运用。

1. 注入法

所谓注入法（或称融合法），主要是将国际化的内容注入或融合到已有的课程里去。这种方法的优点是根本不需要开设新的课程内容，而仅仅需要对教师授课的强度、国际化内容的深度和现有课程的组织结构进行调整。

由于语言、能力等多种因素的制约，在很多教师不能够开设专门的国际化课程的情况下，在现存的课程中不断地融入国际性知识也不失为一种好方法。譬如在课堂上，教师向学生介绍一些国际性主题或入门教材，引导学生去了解和学习相关的国际性问题和知识，同时布置一至两项作业，通过学生自主学习这种方式，来强化这一形式的课程国际化。

对学校而言，注入法是一种低成本的课程内容国际化的方法。但这种方法最突出的缺点就是，由于时间的限制和知识结构的系统性不强，学生可能完全没有或者仅仅粗略地学习到少量的外来知识。譬如在浙江越秀外国语学院，注入法即为该校大学课程内容国际化的主要方法，在学校国际化发展战略的指引下，许多教师在讲授本国课程的同时，都会适当地将一些国际性的教育内容注入、融合、渗透到已有的课程当中。

2. 专设法

专设法是指通过开设专门的国际教育课程来讲授国际知识内容的教学方法。与注入法相比，专设法的优点是可以让学生在更加真实的国际化背景中学习国际性知识或探究国际化问题，从而使其在学习的广度和深度上都可以得到更好的理解和掌握。譬如浙江大学宁波理工学院，专设法即为该校大学课程内容国际化的主要方法。宁波理工学院国际交流中心以中美、中加双方硕士教育层次的特色课程设置为基础，通过引进和开设国外实用型的课程体系，对学生进行专业的国际化教育和管理。

专设法也存在一定的缺陷，主要表现在以下几个方面。

（1）由于需要购置教材和相关教学设备，导致产生的成本较高。

（2）对教师的要求较高，许多课程由于缺少合格的高水平教师而不能正常且有效的开展。

（3）在重新组织课程的过程中可能会遇到课程设置上的困难。

3. 项目法

项目法主要是通过一些比较灵活的形式，如开展各种各样的学术讲座或开展一些国际交流计划和活动等来培养学生，其中学生和教师的国际交流和互换活动是两个主要的方面。譬如浙江越秀外国语学院，近年来许多学生交流项目、教师交流项目、校际合作办学项目和聘请海外学者项目等一系列活动得到有效开展。尤其是在 2011 年，越秀与美国西北理工大学、科罗拉多理工大学达成全面合作伙伴关系，建立"课程接轨、学分互认"的国际教育合作形式，专门为本科学生设计了"3+1"项目与"3+2"本硕连读项目。除此之外，越秀还与新加坡南洋理工大学、台湾南台科技大学等签订两校交换师生备忘录，国际商学院和网络传播学院与南台科大的商管学院和数位设计学院可以优先开展学生和教师的访学研修项目。再如浙江大学宁波理工学院与美国印第安纳波利斯大学、内布拉斯加林肯大学、德克萨斯 A&M 国际大学、英国伍斯特大学、澳大利亚南十字星大学、韩国新罗大学、香港理工大学、台湾吴凤技术学院等国内、外高校和学术机构，开展的校际教育学术交流和合作，近年来已经设立的学分互认项目包括"中西艺术设计类专本硕连读项目（3+1）""中英、中加预本硕连读项目（3+2、1+2 或 2+1）""中加科技与创意设计类专本硕连读项目（3+1）""美国本科项目（2+2）"等。通过这些项目的实施，宁波理工学院采用国外合作院校认可的课程体系，引进原版教材及教学方式，采取集中授课，注重语言强化培训以及专业基础课程和德育教育的有机结合，取得了良好的实践效果。

（三）新建应用型本科院校课程内容国际化的配套措施

除了要做好高等教育课程内容国际化的学科专业选择，以及高等教育课程内容国际化的方法择取之外，浙江本科高校还应实施相应的配套措施，确保课程内容国际化目标的实现，主要包括以下四点。

1. 应将课程内容国际化纳入学校的发展规划

课程内容国际化理念在高校的国际化建设进程中也发挥着积极的作用，各高校应对其加以重视，并有计划性地将其与学校的总体发展纲要进行有效融合，具体思路如下。

（1）各高校要积极组织或通过校级教学指导委员会等学术机构，对实施课程国际化的政策机制进行研究，并对教材选用、师资引进、教学方法以及奖励等方面进行制度建设。

（2）各高校还要在下设院系或专业狠抓课程内容国际化的同时，还要有目的性地对课程国际化及双语教学等相关问题进行研讨，进而对课程国际化的校园氛围进行营造和渲染。

2. 优化资源配置与条件保障

各高校要按照强化课程国际化的战略部署，建立起以课程要素为单位，并按课程的实际需求加以配置的学生学习资源调配机制。要将国际化课程建设作为学校的基本建设，集中学校人力、财力和物力，以国际化课程的各项要素为中心进行系统化配置，使每门课程的核心要素均达到良好水平。不仅要实现国际化课程要素配置、要素测量与要素评估的标准化，而且还要实现国际化课程资源的整合和优化，从而最大限度获取高等教育资源配置和利用效益。

3. 加强单门课程以及课程群的研发与建设

各高校还要对单门课程以及课程群的研发与建设进行加强，尤其关键的一点是，在课程研发和建设上，学校应加强实施有效的激励机制，鼓励广大教师积极参与到国际化课程的创新和建设中来。具体思路如下。

（1）各高校要建立"校—院—系"三级联动机制，在提高教师课程创新能力和课程研发水准的同时，不断提升课程的国际化含量，从而推动课程内容和教学模式与高等教育发达国家接轨。

（2）各高校可以考虑建立校级教学学术津贴制度，以便于教师从中列支课程研发与建设的经费，还可以按照成果档次给予教师资助或奖励。

（3）各高校还可以考虑将项目管理制度引入到国际化课程研发中，譬如通过招标等形式确定国际化课程研发和建设的负责人，由其负责对国际化课程进行过程控制、技术监督和质量检验，使国际化课程质量水平不断提高。

4. 培养和建设一支具有国际视野的外向型师资队伍

目前，我国高校教师培养形式大多以提高教师科研能力为主要目标，仅有岗前培训等少量培养形式涉及教师教学能力的提升，而涉及跨文化交流的更是屈指可数。而参加教学技能培训的教师多数是年轻教师和骨干教师，出国进修教师多为语言类。针对这一情况，应增设有关跨文化理论的课程；实行教师学术休假制度，教师每隔3～5年即可申请半年学术假，到其他国家或地区进修或访问。同时，高校课程国际化还应在师资吸纳上有所体现，应更多地吸引来自商界、新闻界、政府部门等领域的人才；运用聘用、考核、评估等机制促进教师的培训与进修。唯有如此，才能提高教师素质，培养和建设具有国际视野的师资队伍，以适应高等教育课程内容国际化发展的新要求。此外，新建应用型本科院校还要尽可能实现课程管理的国际化，主要是要简政放权，实行分级课程管理体制，以给教师更大的课程教学自主权。

第三节　基于"互联网+"的浙江本科高校课程 国际化发展路径的创新思考

推进"互联网+"发展是国家的重大战略部署，也是新常态下浙江省深入实施"八八战略"、全面建设"两富""两美"现代化浙江的重大战略举措。

从广义上而言，"互联网+"不是互联网与传统产业的简单相加，而是综合利用现代信息手段和互联网创新平台，对包括资本、技术在内的等各种生产要素进行不断优化，从而实现传统产业升级和新兴业态创造的互联网发展新业态。2015年，"互联网+"在国务院政府工作报告中正式被确认为国家战略，依托互联网、云计算、大数据等各种创新要素，为推动传统产业与新兴产业的融合提供政策支撑。"互联网+教育"，即互联网思维和现代信息技术与教育的深度相融，这在某种程度上颠覆了传统的"教"与"学"形态，对教育资源优化配置和教学方式模式创新起到了积极的推动作用，为最终实现教育教学质量和效益的提升提供了重要的技术支持。尤其是近几年，许多城市在移动互联网和金融科技融合创新上取得了重大进展，使中国在全球互联网创新上的话语权得到了一定的加持。因此，研究基于"互联网+"的浙江本科高校课程国际化发展路径具有重大现实意义。有基于此，本节就对"互联网+"背景下全球高等教育课程国际化发展趋势和"互联网+"对浙江高等教育课程国际化的深刻影响进行详细论述，并对基于"互联网+"背景下的浙江本科高校课程国际化路径创新进行一定的探索。

一、"互联网+"背景下全球高等教育课程国际化发展趋势

伴随着经济全球化进程的加快，技术、知识、价值观等领域的跨境交流越来越频繁，而这在教育领域的反映，则体现为教育的国际化趋势愈来愈显著。狭义而言，课程国际化就是将国际或跨文化内容引入高等教育教学中的过程，而广义上还包含课程国际化在科学研究和社会服务中的适度应用。在"互联网+"背景下，作为一种全新的高等教育课程理念和系统设计思想，高等教育课程国际化呈开放性、创新性、主动性发展趋势。

目前，世界上不同国家高等教育组织在互联网开放思维的引导下，共同参与并积极引入体制外互联网竞争资源，在课程国际化内容方面的交流和互动日益频繁。课堂教学垄断知识传授的局面被彻底打破，学生获取开放性国际化知识变得更加便利。课程国际化技术手段也在互联网平台的支撑下不断创新发展，这意味着课程国际化不再像传统思维中的不同国家高校之间教学主体面对面的交流和互动，而更多地体现为通过互联网及其相关平台而实现

的教学资源的共享和利用。当今世界各国高等教育必须将本国高等教育教学课程的整体设计放在全球时代背景之下，在保有自身特色及优势的基础上，采取主动融入姿态科学地吸纳外来高校课程中的优秀成果。

二、"互联网+"对浙江高等教育课程国际化的深刻影响

"互联网+"对浙江高等教育课程国际化的深刻影响主要体现在以下几个方面，这也构成了"互联网+"背景下我国高等教育课程国际化路径创新的突破口。

（一）课程国际化的内容

在教学过程中，科学有效的课程内容是实现课程目标的重要保障，课程内容的国际化自然也就成为高等教育课程国际化的重要依托。课程内容的国际化水平，直接决定了国际化人才培养的质量。当今社会信息技术的发展和互联网应用的普及，极大地推动了国际化师资、国际化教学平台等诸多国际化教育资源的迁移和聚集，课程内容的国际化程度必然随着国际化教育资源的变化而不断加深。全球各国都希望通过教育课程国际化内容的拓展，使得未来社会精英在求学阶段就对某些世界问题达成共识，这必将有利于若干年后协调一致的行动和解决方案的实现。课程国际化不仅包含外语训练和国际区域研究学科的发展过程，而且还包含将全球视角引入一般学科的"学科普遍化"过程。亦有学者提出，国际教育要在国际的框架内讲授一门学科，以凸显国与国之间的相互联系的重要性。俄罗斯在教育法中规定，教育内容应该保障社会总体文明和职业文明的国际水平。西欧国家的一些大学则纷纷对多元文化容忍与理解的内容进行了设计。因此，在"互联网+"的背景下，世界性问题、世界意识和国际视野是课程国际化的重点内容。

（二）课程国际化的实施

国际化的课程的实现和课程内容的付诸实践，最终有赖于课程实施这一重要环节。高等教育课程国际化的实施主要围绕教与学两方面展开，各高校应积极创设国际化的教学环境、采用国际通用语言、运用现代化的教学方法

和应用现代教育技术来确保课程国际化的实施。在传统意义上，课程国际化实施包括采用原版教材进行全英文教学或双语教学、与国外高校进行师生交流或互换等多种手段。在"互联网+"的背景下，通过互联网平台，能使全球范围内的各种课程国际化教育资源得到有效聚合，这对国内高校能够更方便地获取所需的教育资源提供了有效的技术保障。因此，包括跨国跨地区远程教育在内的、以互联网为平台的现代教育技术，在课程国际化中的普及和应用，是今后课程国际化实施的主要发展趋势。

（三）课程国际化的评估

课程管理是否科学规范决定着课程实施是否能够顺利开展，而课程评价和考核制度的建立直接决定着课程国际化相关制度能否不断地得到优化和完善。高等教育课程国际化评估的内容包括课程主体评价、课程内容评价、课程标准评价以及课程组织评价等四个主要方面。各高校首先要以主动融入和科学接纳的态度，按照国际通行标准对以上四个方面的评估制度进行改革和完善，直至本国课程国际化水平提高至具备制定全球评估标准和条例规定的话语权，这也是当前我国高等教育课程要得到世界共同尊重和普遍承认的唯一办法。在这个过程中，各高校既要注重中间过程性评价的作用，又要加大考试模式的导向性与评价性作用。另外，在"互联网+"的时代背景下，应采取灵活多样的基于信息技术支撑的考试形式融入国际化课程的考试体系中来，包括课程调研论文、以课程内容为基础的大作业、基于课程目标的实验操作等考核形式。

三、基于"互联网+"背景下的浙江本科高校课程国际化路径创新

在国内外高校课程国际化进程的基础上，通过对浙江本科高校的课程国际化发展的综合考察并结合发达国家高校课程国际化的实践与启示，本书认为对于"互联网+"背景下的浙江本科高校课程国际化的创新路径主要包括以下几个方面。

（一）基于"互联网+"的 MOOC 在课程国际化中的应用

近几年来，由哈佛大学、麻省理工学院等美国知名高校推出的慕课（MOOC），具有开放性和可选择性等多种优势，可以在充分发挥教师作用的基础上，促进学生进行差异化学习。MOOC 模式在世界各国课程教育领域的实践证明了其自身存在的合理性，对我国课程国际化路径的创新具有深刻的借鉴意义。目前，MOOC 有 SPOC 小规模专属在线课程和 MPOC 大规模私有在线课程两种。针对 SPOC 专属在线课程规模较小的特点，在课程国际化的应用中，可以针对硕士及博士研究生或者具有研究性的课程需要来开设，这样既可以弥补传统教学课堂大班化中的被动学习缺陷，又可以充分发挥智慧教学环境特征和 MOOC 在线自主学习的优势，同时还可以节省引进高端教授或知名专家进行现场教学所需的教学经费。针对 MPOC 私有在线课程规模较大的特点，可以针对本科学生或者具有内容介绍性的课程需要来开设，通过合作协议引进国际化远程辅导优秀师资，相关专业多个班级可以同时开课学习，从而实现同一门课程的大规模私有在线教学，这样便能以更低成本的方式解决国内高校双语师资授课课时多、压力大的难题。因此，总体而言，在国际化师资紧缺的条件下，MOOC 教学模式，尤其是大规模私有在线课程是高等教育课程国际化未来发展的另一个重要方向。

（二）基于"互联网+"的跨地区跨校修读学分模式的推广

跨地区跨校修读学分是"互联网+教育"的一种模式，也是目前高等教育课程国际化的崭新探索。目前，在中国国内政府主导建设的高教园区，已经有不少采取教师互聘互用、学生课程互选等多种方式来提高高等教育资源的利用率。譬如，杭州下沙高教园区早在十年前就开始了这方面的尝试，并取得了积极有效的成果。在"互联网+"背景下，我国课程国际化路径的创新也可以采用跨地区跨校修读学分的模式并进行推广，当然这种形式必须以全球信息技术发展为重要支撑。在基于"互联网+"的跨地区跨校修读学分模式的推广中，国内外相同或不同水平的高校之间，均可以按照自身国际化课程的发展要求，签订跨国跨地区课程互选互认协议。根据协议，本校学生可以选择由本校教务部门筛选之后推荐的有效课程，按照在线课程要求的考核评价体系及管理制度完成在线课程学习，并在通过审核后即可获取相应学分。这种方式可以借助互联网技术及平台优势，并可以以第三方网络教学平台为支撑。与校内在线开放课程相比，基于"互联网+"的跨地区跨校修读学分模式的推广，能有效扩大受益者的范围，适合于某些全校公选课或者某些大专业的专业任选课程使用，这对课程国际化的教学，能起到重要的辅助和补充作用。

（三）基于"互联网+"的国内外高校课程国际化联盟构建

在"互联网+"背景下，我国教育管理部门和相关高校可以"创新、互联、开放、共享"为宗旨，尝试构建国内外高校课程国际化联盟，可以从课程国际化的课程标准、实施、评估、分享及学术交流五个领域开展具体工作，并重点关注以下两项问题。

（1）对国内外和校内外优质教学资源的充分整合，以便于形成更高合作程度的国际化优质课程共享机制。应在有效利用现代教育信息技术的基础上，建设更大范围的包含多所国内外高校在内的在线开放课程平台，深化学科教学改革网站际间合作形式，并加大不同地区高校教师和学生之间的互动与交流，丰富教学方式方法和教学技术手段，从而促进世界高等教育课程的均衡化、优质化、数字化发展。

（2）更大范围地构建国际化课程共同开发利用的有效机制，以及以互联网为基础的测试评价和营销运作体系，从本质上促进高校课程国际化的建设，并不断提升其建设水平。

所以，国际化联盟的构建需要遵循课程国际化的自身演进规律，致力于推动信息技术发展与国际化课程教学的深度融合，最大限度地促进国内外高教区域之间的优质资源区域性互补，从而实现全球高等教育国际化资源聚合和协同创新。

综上所述，在"互联网+"背景下，浙江高等教育课程国际化建设要注意以下几点。

（1）要更多地关注人类共同面对的全球问题。

（2）不仅仅着眼于学生的全球意识和国际视野，更加强调其在适应互联网支撑的全球持续发展变化中参与国际事务知识和能力的培养。

（3）世界性问题、世界意识和国际视野是课程国际化的核心内容，要通过互联网平台聚合全球各种课程国际化的教育资源。

（4）课程国际化的评估应采取更加灵活多样的形式。

基于此，以"互联网+"发展为背景的浙江高等教育课程国际化路径创新策略应该包括以下几个方面。

（1）在国际化师资等相关条件紧缺时，MOOC 教学模式，尤其是大规模私有在线课程是高等教育课程国际化未来的发展方向。

（2）基于"互联网+"的跨地区跨校修读学分模式的推广，亦可以在课程国际化教学中起到重要的辅助和补充作用。

（3）在"互联网+"背景下，可以尝试以"创新、互联、开放、共享"为宗旨构建国内外高校课程国际化联盟，从课程国际化的课程标准、实施、评估、分享及学术交流五个领域逐步实施推进，以形成更高合作程度的国际化优质课程共享机制，更大范围地构建国际化课程共同开发利用的有效机制，以促进浙江本科高校课程国际化建设水平的质的提升。

当然，对于"互联网+"背景下的浙江本科高校课程国际化的创新路径还有很多需要相关人士进行深入的思考和积极的探索，各高校也要在结合国情和自身实际情况的前提下，有针对性地进行选择和实践。

第四节　浙江本科高校课程国际化调查问卷

基于上述内容，本书认为科学有效的综合考察，是开展高等教育国际化的重要前提，是合理分析当前现状，寻找自身不足的重要技术保障。因此，在这里我们设计了一套关于了解浙江省应用型本科高校经管类专业核心课程国际化实施现状的调查问卷，以供相关专业人士的研究调查使用。

一、问卷致辞

尊敬的老师：

您好！

本问卷的目的在于了解国内应用型本科高校经管类专业核心课程国际化实施的现状，包括学校和专业办学国际化概况，以及课程理念、目标、内容、组织、实施、管理、评价的国际化等内容，调查结果将用于 xxxx 年浙江省教育教学改革项目"应用型本科经管类专业核心课程国际化的探索与实践"。本课题组承诺，对于您和您的同仁所提供的一切资料仅供学术研究之用。衷心期盼您亲自参与并给予协助！

此致

敬礼

调研小组（或相关单位）

xxxx 年 xx 月

二、您和您的学校的基本情况

学校名称		学校成立时间	
所在城市		在校生人数	
学校地址			
学校类型	① 综合性大学（ ）	② 非综合性大学（ ）	
答卷人姓名		职务（职称）	
联系电话		E-mail	

三、办学国际化概况调查

说明：请依据您所在的高校的具体情况以及高等教育国际化与贵校的符合程度及其重要程度，在以下选项中进行打分。可分为四种符合程度，即不符合、基本符合、符合和非常符合，其中"非常符合"的打分为 3 分，"符合"的打分为 2 分，"基本符合"的打分为 1 分，"不符合"则打 0 分即可。重要程度分"非常重要、重要、比较重要和不重要"。非常重要为 3 分，重要为 2 分，比较重要为 1 分，不重要为 0 分。

　　　　　　　　　　　　　　　　　　　　　符合程度　　重要程度

1. 贵校在办学定位中强调了国际化教育　　　　（　　）　（　　）

2. 贵校制定了全校范围的国际化发展战略　　　（　　）　（　　）

3. 贵校师生员工对国际化普遍持理解和支持的态度　（　　）　（　　）

4. 贵校在全校范围内有意识地营造国际化的氛围　（　　）　（　　）

5. 贵校对各院系在国际化方面提出了量化考核要求　（　　）　（　　）

6. 贵校每年签署了 3 项或以上的实质性的对外合作协议

　　　　　　　　　　　　　　　　　　　　　（　　）　（　　）

7. 贵校在招生宣传和新生录取时对国际教育项目、活动和机会进行了重点宣传　　　　　　　　　　　　　　　　　（　　）　（　　）

8. 贵校设有专门的国际化工作委员会或领导小组　（　　）　（　　）

9. 贵校成立了独立的国际交流与合作处　　　　（　　）　（　　）

10. 贵校多数院系指定了负责国际交流与合作的院领导和秘书

　　　　　　　　　　　　　　　　　　　　　（　　）　（　　）

11. 贵校制订了资助学生出国留学或参加国际会议的管理规定

　　　　　　　　　　　　　　　　　　　　　（　　）　（　　）

12. 贵校制订了举办国际或双边会议的管理规定并设有专款予以资助

　　　　　　　　　　　　　　　　　　　　　（　　）　（　　）

13. 贵校在提拔干部和职称评聘时把国际教育经历和背景作为考核的因素之一　　　　　　　　　　　　　　　　　　（　　）　（　　）

14. 贵校在国际化进程中因地制宜地修订、废止或制订相关管理规定

　　　　　　　　　　　　　　　　　　　　　（　　）　（　　）

15. 贵校在外事经费、人员编制、办公场地等为学校的国际化提供了必要的保障　　　　　　　　　　　　　　　　　　（　　）　（　　）

16. 贵校的师资中，有在国外留学或工作背景的人数占师资总人数的10%或以上　　　　　　　　　　　　　　　　　　（　　）　（　　）

17. 贵校管理人员中有在国外留学或工作背景的人数占管理人员总数的5%或以上　　　　　　　　　　　　　　　　　（　　）　（　　）

18. 贵校师资中目前在国外高校或研究所进行合作研究的人数占师资总人数的 1%或以上　　　　　　　　　　　　　　（　　）　（　　）

19. 贵校师资中获得国际项目资助的人数占师资总人数的 1%或以上

　　　　　　　　　　　　　　　　　　　　　（　　）　（　　）

20. 贵校的院系有 1/3 以上与国外高校合作开展了联合培养学历和非学历项目　　　　　　　　　　　　　　　　　　　　（　　）（　　）

四、经管类专业核心课程理念的国际化调查

您认为贵校课程理念的国际化的核心是（　　）【可多选并补充】

A. 立足于培养适应国际市场需要的国际应用型人才

B. 不能再局限于本国传统格局之中，应该主动参与到世界高等教育体系中去

C. 将本国的高校课程置于全球的时代背景下进行整体设计

D. 既要保持本国的特色与优势，又要吸收其他国家高校课程中的精华

E. 使国内高校的课程与其他国家高等教育体系中的课程实现真正的交叉融合，求同存异、互相促进、共同发展

F. 其他＿＿＿＿＿＿＿＿＿＿＿＿＿＿＿＿＿＿＿＿＿＿＿＿＿＿＿＿＿

五、经管类专业核心课程目标的国际化调查

您认为贵校课程目标的国际化重点在于（　　）【可多选并补充】

A. 培养学生的国际视野和全球意识

B. 强调知识的同时更加注重参与国际事务的能力

C. 强调适应全球化发展需要的能力

D. 培养学生了解并掌握某门具体的学科知识和操作能力

E. 与国际对照以培养学生的实践能力

F. 其他＿＿＿＿＿＿＿＿＿＿＿＿＿＿＿＿＿＿＿＿＿＿＿＿＿＿＿＿＿

六、经管类专业核心专业课程内容的国际化调查

1. 您对贵校经管类专业核心课程内容的国际化的理解是（　　）【可多选并补充】

A. 课程内容应该有国际专业学会或其他中介机构的认证

B. 课程内容应该使学生具备获取国际性专业资格证书的能力

  C. 课程内容应该使学生获得国内外联合学位或双学位

  D. 课程内容应该涵盖跨国知识讲授、跨国沟通技能训练、全球议题及
国际时事谈论

  E. 课程内容应该涵盖本专业的国际发展形势了解与掌握、其他国家经
验在本土的应用

  F. 课程名称应该冠上全球、国际或跨国一词

  G. 应有专为留学生设置的学位课程

  H. 其他＿＿＿＿＿＿＿＿＿＿＿＿＿＿＿＿＿＿＿＿＿＿＿

2. 针对课程内容的国际化，世界经济合作与发展组织（OECD）归纳出了9种类型的国际化课程，即（1）具有国际学科特点的课程（如国际关系）；（2）传统课程通过国际比较与借鉴得以延伸和扩大的课程（如国际比较教育）；（3）培养学生从事国际职业的课程（如国际商务、国际营销）；（4）外语教学中的跨文化交流与外事技能的课程；（5）外国某一个或某几个区域研究的课程；（6）培养学生获得国际专业资格的课程；（7）跨国授予的学位课程或双学位课程；（8）海外教师讲授的课程；（9）专门为海外学生设计的课程。

  下面请您结合贵校经管类专业核心课程内容的实际情况，选择具体某种类型国际化课程所处的实践阶段，包括尚未起步、初步规划、执行发展、稳定成熟等四大阶段可供选择。如果实践阶段仍停留在尚未起步或初步规划，请选择处于这一阶段的落差原因。

  （1）具有国际学科特点的课程（如国际关系）（ ）

  A. 尚未起步 B. 初步规划 C. 执行发展 D. 稳定成熟

  落差原因（ ）【可多选并补充】

  A. 尚未有这类课程开设的要求

  B. 受限于现有的课程结构

  C. 教师对这类课程的国际化意愿不高

  D. 学生对这类课程不感兴趣

  E. 学生外语能力不足

  F. 经费不足

  G. 师资不足

  H. 课时所限

I. 其他_____

(2) 传统课程通过国际比较与借鉴得以延伸和扩大的课程（　　）

A. 尚未起步　　B. 初步规划　　C. 执行发展　　D. 稳定成熟

落差原因（　　）【可多选并补充】

A. 尚未有这类课程开设的要求

B. 受限于现有的课程结构

C. 教师对这类课程的国际化意愿不高

D. 学生对这类课程不感兴趣

E. 学生外语能力不足

F. 经费不足

G. 师资不足

H. 课时所限

I. 其他_____

(3) 培养学生从事国际职业的课程（如国际商务、国际营销）（　　）

A. 尚未起步　　B. 初步规划　　C. 执行发展　　D. 稳定成熟

落差原因（　　）【可多选并补充】

A. 尚未有这类课程开设的要求

B. 受限于现有的课程结构

C. 教师对这类课程的国际化意愿不高

D. 学生对这类课程不感兴趣

E. 学生外语能力不足

F. 经费不足

G. 师资不足

H. 课时所限

I. 其他_____

(4) 外语教学中的跨文化交流与外事技能的课程（　　）

A. 尚未起步　　B. 初步规划　　C. 执行发展　　D. 稳定成熟

落差原因（　　）【可多选并补充】

A. 尚未有这类课程开设的要求

B. 受限于现有的课程结构

C. 教师对这类课程的国际化意愿不高

D. 学生对这类课程不感兴趣

E. 学生外语能力不足

F. 经费不足

G. 师资不足

H. 课时所限

I. 其他_____

（5）外国某一个或某几个区域研究的课程（　　）

　　A. 尚未起步　　B. 初步规划　　C. 执行发展　　D. 稳定成熟

落差原因（　　）【可多选并补充】

　　A. 尚未有这类课程开设的要求

　　B. 受限于现有的课程结构

　　C. 教师对这类课程的国际化意愿不高

　　D. 学生对这类课程不感兴趣

　　E. 学生外语能力不足

　　F. 经费不足

　　G. 师资不足

　　H. 课时所限

　　I. 其他_____

（6）培养学生获得国际专业资格的课程（　　）

　　A. 尚未起步　　　B. 初步规划　　　C. 执行发展　　　D. 稳定成熟

落差原因（　　）【可多选并补充】

　　A. 尚未有这类课程开设的要求

　　B. 受限于现有的课程结构

　　C. 教师对这类课程的国际化意愿不高

　　D. 学生对这类课程不感兴趣

　　E. 学生外语能力不足

　　F. 经费不足

　　G. 师资不足

　　H. 课时所限

　　I. 其他_____

（7）跨国授予的学位课程或双学位课程（　　）

A. 尚未起步　　B. 初步规划　　C. 执行发展　　D. 稳定成熟

落差原因（　　）【可多选并补充】

A. 尚未有这类课程开设的要求

B. 受限于现有的课程结构

C. 教师对这类课程的国际化意愿不高

D. 学生对这类课程不感兴趣

E. 学生外语能力不足

F. 经费不足

G. 师资不足

H. 课时所限

I. 其他_____

（8）海外教师讲授的课程（　　　　）

A. 尚未起步　　B. 初步规划　　C. 执行发展　　D. 稳定成熟

落差原因（　　）【可多选并补充】

A. 尚未有这类课程开设的要求

B. 受限于现有的课程结构

C. 教师对这类课程的国际化意愿不高

D. 学生对这类课程不感兴趣

E. 学生外语能力不足

F. 经费不足

G. 师资不足

H. 课时所限

I. 其他_____

（9）专门为海外学生设计的课程（　　　　）

A. 尚未起步　　B. 初步规划　　C. 执行发展　　D. 稳定成熟

落差原因（　　）【可多选并补充】

A. 尚未有这类课程开设的要求

B. 受限于现有的课程结构

C. 教师对这类课程的国际化意愿不高

D. 学生对这类课程不感兴趣

E. 学生外语能力不足

  F. 经费不足

  G. 师资不足

  H. 课时所限

  I. 其他＿＿＿＿＿＿＿＿＿＿＿＿＿＿＿＿＿＿＿＿＿

  3. 贵校在经管类专业与国外高校或教育机构合作办学中"课程接轨、学分互认"方面有哪些经验？

＿＿＿＿＿＿＿＿＿＿＿＿＿＿＿＿＿＿＿＿＿＿＿＿＿＿＿＿＿＿＿＿

＿＿＿＿＿＿＿＿＿＿＿＿＿＿＿＿＿＿＿＿＿＿＿＿＿＿＿＿＿＿＿＿

＿＿＿＿＿＿＿＿＿＿＿＿＿＿＿＿＿＿＿＿＿＿＿＿＿＿＿＿＿＿＿＿

七、经管类专业核心专业课程组织与实施的国际化调查

  1. 课程的管理与实现的主要方法是要进行有效的课程组织，课程国际化的实施可以有多种形式，贵校经管类专业核心专业课程主要采取了哪些形式（ ）【如多选请按照由主到次对其进行排序】

  A. 授课方式采取跨国比较方式

  B. 应有部分内容直接由国外学者讲授

  C. 应有部分内容需到国外相关院校进行学习

  D. 与国外互派教师与学生

  E. 远程教育

  F. 全英语授课

  G. 双语授课

  H. 其他＿＿＿＿＿＿＿＿＿＿＿＿＿＿＿＿＿＿＿＿＿

  2. 贵校在进行经管类专业核心专业课程组织与实施的国际化的过程中有哪些成功经验，遇到了哪些困难？

＿＿＿＿＿＿＿＿＿＿＿＿＿＿＿＿＿＿＿＿＿＿＿＿＿＿＿＿＿＿＿＿

＿＿＿＿＿＿＿＿＿＿＿＿＿＿＿＿＿＿＿＿＿＿＿＿＿＿＿＿＿＿＿＿

＿＿＿＿＿＿＿＿＿＿＿＿＿＿＿＿＿＿＿＿＿＿＿＿＿＿＿＿＿＿＿＿

八、经管类专业核心专业课程评价的国际化调查

1. 贵校实现经管类专业核心专业课程评价的国际化，主要采取了哪些评价形式（　　　）【如多选请按照由主到次对其进行排序】

    A. 考勤

    B. 课堂表现

    C. 平时小测验

    D. 期末考试

    E. 实验操作

    F. 课程论文

    G. 大作业

    H. 其他＿＿＿＿＿＿＿＿＿＿

2. 针对经管类专业核心专业课程评价的国际化，目前存在不同观点。您认为各国高校课程之间应该存在着共同的条例规定和评价标准吗？（　　　）

    A. 是　　　　　　　　　　　　B. 否

原因是＿＿＿＿＿＿＿＿＿＿＿＿＿＿＿＿＿＿＿＿＿

＿＿＿＿＿＿＿＿＿＿＿＿＿＿＿＿＿＿＿＿＿＿＿＿＿＿＿

3. 贵校在进行经管类专业核心专业课程考核与评价的国际化方面有哪些成功经验，遇到了哪些困难？

＿＿＿＿＿＿＿＿＿＿＿＿＿＿＿＿＿＿＿＿＿＿＿＿＿＿＿

＿＿＿＿＿＿＿＿＿＿＿＿＿＿＿＿＿＿＿＿＿＿＿＿＿＿＿

＿＿＿＿＿＿＿＿＿＿＿＿＿＿＿＿＿＿＿＿＿＿＿＿＿＿＿

九、经管类专业核心专业课程管理的国际化调查

部分专家认为在我国主要是要简政放权，实行分级课程管理体制，给教师以更大的课程教学自主权。您同意这一观点吗？在贵校实现课程管理的国际化主要有哪些途径？

＿＿＿＿＿＿＿＿＿＿＿＿＿＿＿＿＿＿＿＿＿＿＿＿＿＿＿

请按经管类专业核心课程国际化的重要程度为以下六项指标进行排序，排第一的为 6 分，排第二的为 5 分，以此类推。

1. 课程理念的国际化（　　　）　　2. 课程目标的国际化（　　　）

3. 课程内容的国际化（　　　）　　4. 课程组织与实施的国际化（　　　）

5. 课程评价的国际化（　　　）　　6. 课程管理的国际化（　　　）

参 考 文 献

[1] 唐玲萍. 西部地方院校推进课程国际化的路径 [J]. 教育教学论坛, 2018 (44)：4-5.

[2] 赵宏，徐振岐. 中国、澳大利亚高等教育课程国际化的比较分析 [J]. 继续教育研究, 2018 (10)：117-120.

[3] 陶珠. 分析课程国际化背景下高校师资建设机制研究 [J]. 科教文汇 (下旬刊), 2018 (05)：17-18.

[4] 韩延明，左媛媛. 加拿大高校课程国际化工作坊的运行及启示——以汤普森河大学为例 [J]. 大学教育科学, 2018 (03)：38-43.

[5] 徐坤. 慕课背景下高校日语课程国际化改革研究 [J]. 开封教育学院学报, 2018, 38 (04)：74-75.

[6] 都琳，许勇，郭培荣，李辉. 高校研究生数学课程国际化建设的探索与实践——以西北工业大学为例 [J]. 大学教育科学, 2018 (02)：50-55.

[7] 单胜江，付达院，沈妍斐. 基于"互联网+"的高等教育课程国际化发展探讨 [J]. 西部素质教育, 2017, 3 (20)：14-15.

[8] 殷小琴. 高校课程国际化路径研究 [J]. 教育评论, 2017 (05)：32-35.

[9] 陈屏，陈声威，陈立杰，何洁. 加快课程国际化体系建设的研究 [J]. 管理观察, 2017 (13)：144-147.

[10] 单胜江，付达院. 我国本科高校课程国际化的创新路径 [J]. 广西社会科学, 2017 (04)：207-210.

[11] 王贤，韦惠文. 大学课程国际化：诱因、现状与诉求 [J]. 高教论坛, 2017 (04)：21-24+50.

[12] 王禄佳. 墨尔本大学课程国际化策略及启示 [J]. 教育探索, 2016 (12)：147-150.

[13] 张维维，李敏，肖瑛，李厚杰. 民族高校课程国际化问题与对策研究 [J]. 现代教育科学, 2016 (04)：71-74.

[14] 刘文燕. 宁夏高校国际化课程优化研究 [J]. 课程教育研究, 2015

（16）：19.

[15] 王魁.互联网名校公开课是实现高校课程国际化的有力补充［J］.文教资料，2012（24）：162-163.

[16] 杨丽丽，周西安.高校课程国际化探微［J］.文教资料，2009（32）：166-168.

[17] 张原.大学课程国际化探究［J］.湖北函授大学学报，2016，29（07）：9-10.

[18] 王义保.高校课程教学国际化的调查分析与思考——以江苏某"211"大学为例［J］.教育评论，2015（09）：8-11.

[19] 李浏兰，陈少林，刘刚，罗李平.地方高校数学专业课程国际化探讨［J］.当代教育理论与实践，2014，6（12）：24-25.

[20] 单胜江，付达院，孟林华.高等教育课程内容国际化的内涵及实现途径［J］.云南大学学报（社会科学版），2014，13（05）：92-96+112.

[21] 沈玲，林杰.课程国际化背景下高校师资建设机制研究［J］.辽宁警专学报，2014，16（05）：93-97.

[22] 刘春香，赵中建.从课程国际化视角看高校教师海外研修之成效——基于上海27所高校的实证调查［J］.教师教育研究，2014，26（02）：108-112.

[23] 刘世清，陶媛.我国高校课程国际化：现状、问题与对策［J］.世界教育信息，2013，26（20）：56-59+63.

[24] 莫玉婉.通识课程国际化：分类、特点及走向——课程内容国际化的视角［J］.江苏高教，2013（05）：87-89.

[25] 张媛，冯雷鸣，张涛.创新课程体系建设 培养国际化人才——加拿大高校课程国际化的实践与启示［J］.长春理工大学学报（社会科学版），2013，26（08）：175-177.

[26] 王焱，徐亚妮.高等教育课程国际化探析［J］.教育与职业，2013（23）：125-127.

[27] 蒋玉梅，孙志凤，张红霞.教师视野中的高校课程国际化——基于对中英大学教师的调查［J］.开放教育研究，2013，19（04）：74-83.

[28] 张贞桂.探索有中国特色的课程国际化道路［J］.教育与职业，2013（02）：118-119.

[29] 钱小龙，汪霞. 美国大学课程国际化之路 [J]. 高教发展与评估，2012，28（03）：102-108+124.

[30] 钟姗嫚. 我国高校课程国际化的背景与蕴涵探析 [J]. 成功（教育），2012（05）：28.

[31] 欧阳秋景. 对中国高校课程国际化的思考 [J]. 学理论，2012（03）：160-162.

[32] 王树福. "外国文学课程国际化"学术研讨会评述 [J]. 外国文学动态，2011（04）：60.

[33] 丛立新. 知识、经验、活动与课程的本质. 北京师范大学学报 [J]，1998，（4）：25-30.

[34] 刘岩. 课程价值动态生成：实践课程思想的价值解析 [J]. 教学与管理，2009（3）：53-55.

[35] 陈晓云. 课程价值观与高校课程价值取向研究 [D]. 西安电子科技大学硕士学位论文，2007.

[36] 李广，马云鹏. 课程价值取向：含义、特征及其文化解析 [J]. 东北师范大学学报，2010（5）：167-171.

[37] 陈光春. 全球化背景下世界课程改革的教育价值取向解析 [J]. 湖北教育学院学报，2006（1）：88-91.

[38] 刘志军. 课程价值取向的时代走向 [J]. 教育理论与实践，2004（10）：46-49.

[39] 伍运文. 适应与超越之间：大学课程的价值选择 [J]. 江苏高教，2003（4）：72—74.

[40] 吴言. 多元整合的课程价值取向 [J]. 职业技术教育，2004（34）：2.

[41] 谢惠媛. 中国教育发展的价值追求 [J]. 教育探索，2003（3）：59-60.

[42] 汪立琼. 对我国高校课程国际化的反思 [J]. 山西财经大学学报（高等教育版），2005（03）：31-33.

[43] 黄福涛. "全球化"时代的高等教育国际化：历史与比较的视角 [J]. 北京大学教育评论，2003（4）：93-98.

[44] 周晓蕾. 高等教育课程国际化研究进展 [J]. 煤炭高等教育，2012（5）：6-9.

[45] 吴雪梅，刘海涛，刘恩山. 高等教育课程国际化过程中的"中心-外围"

现象分析 [J]. 教育发展研究，2007 (2)：50-52.

[46] 高有华，王银芬. 国际高校课程改革发展的趋势 [J]. 辽宁教育研究，2008 (11)：117-119.

[47] 徐来群. 本科课程的未来发展趋势——走向国际化的哈佛课程改革 [J]. 内蒙古师范大学学报，2011 (9)：86-91.

[48] 沈陆娟，张婷，蔡建平. 21 世纪以来英国高等教育课程国际化：策略和实践 [J]. 内蒙古师范大学学报，2012 (5)：63-66.

[49] 李娅玲. 高校生国际交换实习——内涵、发展及作用 [J]. 河南社会科学，2011 (5)：213-215.

[50] 王友良. 成人教育课程国际化的思考 [J]. 湖南冶金职业技术学院学报，2006 (04)：417-420.

[51] 许长青，阚阅. 高等教育国际化：欧洲案例研究 [J]. 外国教育研究，2008 (1)：45-50.

[52] 李延成. 高等教育课程的国际化：理念与实践 [J]. 外国教育研究，2002 (07)：47-51.

[53] 孔令帅. 析澳大利亚高校课程国际化 [J]. 世界教育信息，2005 (06)：10-12.

[54] 王根顺，路丽娜. 我国研究型大学课程国际化建设的实践研究 [J]. 高等理科教育，2009 (6)：1-4.

[55] 胡建华. 中国大学课程国际化发展分析 [J]. 中国高教研究，2007 (9)：69-71.

[56] 钟姗嬗. 我国大学本科课程国际化对策的研究 [D]. 武汉理工大学硕士学位论文，2013.

[57] 柯闻秀. 高校课程国际化研究 [D]. 长沙：中南大学硕士论文，2002.

[58] 柯闻秀，陶小舟. 高校课程国际化背景、涵蕴及实施要略 [J]. 现代教育科学，2004 (03)：11-14.

[59] 李双龙，何春玲，罗华荣. 我国高校课程设置国际化的现状及启示 [J]. 喀什师范学院学报，2011，32 (03)：95-97.

[60] 王若梅. 解析高等教育课程国际化 [J]. 江苏高教，2011 (02)：74-77.

[61] 高玉蓉. 对我国高校课程国际化的思考 [J]. 教育探索，2010 (11)：

37-38.

［62］路丽娜. 我国研究型大学课程国际化建设研究 ［D］. 兰州大学硕士论文，2010.

［63］毕晓玉. 我国重点大学课程国际化的理论与实践研究 ［D］. 武汉：华中科技大学硕士论文，2004.

［64］邱春林. 浅论区域高校课程国际化 ［J］. 中国成人教育，2007 （18）：52-53.

［65］黄建如. 加入 WTO 后中国高校课程国际化问题 ［J］. 集美大学学报（教育科学版），2004 （01）：22-26.